de Gruyter Studienbuch

Joachim Bumke

Der »Erec« Hartmanns von Aue

W DE G

Joachim Bumke

Der »Erec« Hartmanns von Aue

Eine Einführung

Walter de Gruyter · Berlin · New York

Gedruckt auf säurefreiem Papier,
das die US-ANSI-Norm über Haltbarkeit erfüllt.

ISBN-13: 978-3-11-018979-7
ISBN-10: 3-11-018979-8

Bibliografische Information Der Deutschen Bibliothek

Die Deutsche Bibliothek verzeichnet diese Publikation in der Deutschen Nationalbibliografie; detaillierte bibliografische Daten sind im Internet über http://dnb.ddb.de abrufbar.

Printed in Germany

Einbandgestaltung: Hansbernd Lindemann, Berlin
Satz: Dörlemann Satz, Lemförde
Druck und Bindung: AZ Druck und Datentechnik GmbH, Kempten/Allgäu

Robert Spaethling
gewidmet

Inhalt

1. Der Dichter und die Zeit

Hartmann von Aue wird in einem Atemzug mit Wolfram von Eschenbach und Gottfried von Straßburg genannt: die drei großen Epiker der Zeit um 1200. Gottfried von Straßburg hat Hartmann als den größten Dichter seiner Zeit gefeiert. Wolfram von Eschenbach hat ihn als den gewürdigt, der König Artus in Deutschland bekannt gemacht hat.

Name und Herkunft

Der Name Hartmann von Aue (*Hartman von Ouwe, Der von Ouwe, Der Ouwaere*) wird nicht nur von Hartmann selbst genannt, sondern auch von anderen Dichtern. Der ‚Nachname' war zu dieser Zeit eine Herkunftsbezeichnung, oder er gab die Zuordnung zu einer Herrschaft an. Für Hartmann gilt das zweite, wenn die Selbstaussage: *dienstman was er ze Ouwe* (5) im Prolog zum „Armen Heinrich" autobiographisch gedeutet werden darf. *dienestman* ist in der Rechtsliteratur das deutsche Wort für *ministerialis*. Ob Hartmann sagen wollte, daß er zur Ministerialität von *Ouwe* gehörte, oder ob *dienestman* hier in dem allgemeineren Sinn zu verstehen ist, daß er im Dienst der Herren von *Ouwe* stand, ist nicht zu entscheiden. Ebenso unklar ist, nach welchem „Aue" er sich genannt hat. Die Suche hat sich auf den alemannischen Südwesten, das alte Herzogtum Schwaben, konzentriert, weil geringe Dialektspuren in Hartmanns Reimsprache dorthin weisen und weil Hartmann von Heinrich von dem Türlin ein Dichter *von der Swaben lande* (Krone 2353) genannt wird. Auch in Schwaben war Aue ein häufiger Ortsname. Das berühmteste Aue im Südwesten, die *Augia felix*, die

Reichenau, kommt nur dann in Frage, wenn man Hartmann nicht unter den Ministerialen des Klosters Reichenau sucht, die urkundlich gut bezeugt sind; darunter ist keiner, der auf Hartmann paßt. Einen Hinweis auf Hartmanns Dienstherrn hat man in dem hochadligen Heinrich von *Ouwe* sehen wollen, dem Helden des „Armen Heinrich", der nach Hartmanns Angaben seinen Sitz *ze Swâben* (31) hatte. Daß Hartmann im „Armen Heinrich" eine Episode aus der Familiengeschichte seines Dienstherrn oder aus der Geschichte seiner eigenen Familie erzählt, ist aber nur eine Vermutung.

Einen konkreten Anknüpfungspunkt könnte die Ministerialenfamilie von Aue bieten, die sich nach dem Dorf Au bei Freiburg nannte und die zur Ministerialität der Herzöge von Zähringen gehörte. Für die Vermutung, daß Hartmann im Auftrag des zähringischen Hofs gedichtet habe, gibt es allerdings keine konkreten Anhaltspunkte. Hartmann hat in keinem seiner Werke einen Auftraggeber genannt. Höfische Epik ist damals vor allem an den größeren Höfen gefördert worden. Die bedeutendsten Höfe im alten Herzogtum Schwaben waren die der Staufer, der Welfen und der Zähringer. Alle drei hatten enge Beziehungen nach Frankreich; alle drei haben höfische Literatur gefördert. Auf das Wappen, das die Maler der Manessischen und der Weingartner Liederhandschrift Hartmann gegeben haben – drei silberne Adlerköpfe auf blauem oder schwarzem Grund –, sollte man sich nicht berufen. Die Redaktoren der Bilderhandschriften haben den Dichtern, deren Lebensumstände ihnen unbekannt waren, die Wappen namhafter schwäbischer Adelsfamilien zugelegt. Hartmann bekam das Wappen der Herren von Wesperspüll im Thurgau, Ministerialen der Grafen von Kiburg.

Hartmann hat sich in den Prologen zum „Armen Heinrich" und zum „Iwein" nicht nur als *dienestman* vorgestellt, sondern auch als *ritter*: *Ein ritter sô gelêret was* (Arm.Heinr. 1), *Ein rîter, der gelêret was* (Iw. 21). An Ritterstand und Ritterweihe ist dabei sicherlich nicht zu denken. Das Wort *ritter* konnte um 1200 selbst

Königen als Ehrentitel zugelegt werden, wenn man ihre Waffentüchtigkeit rühmen wollte (*der ritter Êrec* 3634 u. ö., *der künec Êrec* 6763 u. ö.). Meistens wurde *ritter* jedoch gleichbedeutend mit *dienestman* benutzt, zur Benennung der dienstrechtlichen oder lehnsrechtlichen Abhängigkeit. Bei Hartmann liegt der Akzent darauf, daß er ein „gelehrter" Ritter war.

Bildung

Genauer als über seine gesellschaftliche Stellung sind wir über Hartmanns Bildung informiert. Daß er tatsächlich „gelehrt" war, daß er nicht nur lesen und schreiben konnte, sondern auch Zugang zur gelehrten lateinischen Literatur hatte, bezeugen sein „Klagebüchlein" und der „Gregorius"-Prolog. Hartmann stellte sich damit in die Reihe der lateinisch gebildeten Epiker, die mit dem „Pfaffen" Lamprecht und dem „Pfaffen" Konrad begann und sich über Heinrich von Veldeke und Gottfried von Straßburg bis zu Rudolf von Ems und dem Dichter des „Jüngeren Titurel" fortsetzte. Diese Dichter kann man ihrer Bildung nach als „Kleriker" oder „Hofkleriker" bezeichnen, auch wenn sie kein kirchliches Amt hatten. Dieser Zuordnung scheint sich Hartmann zu entziehen, wenn er sich einen gelehrten Ritter nennt. Ritterschaft (*chevalerie*) und Gelehrsamkeit (*clergie*) wurden damals als Gegensätze betrachtet. Sehr beliebt unter Gebildeten waren poetische Streitgespräche zwischen einem *miles* (Ritter) und einem *clericus* (Gebildeten), wer mehr Erfolg bei den Frauen habe. Jedenfalls war ein gelehrter Ritter eine Ausnahme. Eine solche Ausnahme konnte sich ergeben, wenn ein jüngerer Sohn, der für die geistliche Laufbahn bestimmt war und eine entsprechende Ausbildung erhalten hatte, in den weltlichen Stand zurücktrat. Es ist vielleicht kein Zufall, daß Hartmann im „Gregorius" von einem solchen Fall erzählt: Der junge Gregorius hatte in der Klosterschule schon viel gelernt, als er sich entschloß, als Ritter auszuziehen.

Hartmann hat den Akzent darauf gelegt, daß der gelehrte Ritter *an den buochen las* (Arm.Heinr. 2), daß er Zugang zur Schriftkultur hatte und daß er Vorlagen bearbeitete, die er *geschriben vant* (Arm.Heinr. 17). Damit ist zugleich gemeint, daß er auch für seine eigene Dichtung die Dignität von Schriftlichkeit in Anspruch nehmen konnte, daß er selber „Bücher" dichtete, die gelesen werden konnten, auch wenn der mündliche Vortrag die übliche Form der Verbreitung in der noch weitgehend analphabetischen Adelsgesellschaft war. Wenn Hartmann von späteren Dichtern als *meister* (= lat. *magister*) gefeiert wird – *Meister Hartman* nennt ihn Heinrich von dem Türlin (Krone 2360) –, so war das eine Bestätigung seines Bildungsanspruchs.

In den Literaturgeschichten herrscht die Vorstellung, daß Hartmann ‚von Beruf' Ministeriale und Ritter gewesen sei, der in seinen Mußestunden gedichtet hat, so wie es der Prolog zum „Iwein" schildert: „Wenn ein Ritter, der gelehrte Bildung besaß und Bücher las, seine Zeit nicht besser zu verwenden wußte, dann fing er an zu dichten" (21–25). Es ist jedoch fraglich, ob diese Vorstellung der Wirklichkeit entsprach. Hartmann war ein sehr produktiver Dichter, der Artusromane, Verserzählungen, ein größeres didaktisches Werk und Lieder gedichtet hat. Wenn man davon ausgeht, daß die Abfassung eines Epos mehrere Jahre in Anspruch genommen hat, dürfte das Dichten für Hartmann eher die Hauptbeschäftigung gewesen sein als eine Nebentätigkeit. Das schließt nicht aus, daß er auch zu anderen Diensten am Hof herangezogen wurde. Die großen Epiker der Zeit um 1200, die im Auftrag fürstlicher Auftraggeber dichteten, waren in diesem Sinn Berufsdichter.

Das literarische Werk

Hartmann hat zwei Artusromane von Chrétien de Troyes ins Deutsche übertragen, „Érec et Énide" und „Yvain ou le chevalier au lion". Daß es gerade diese beiden waren – Chrétien hat vier Artusromane gedichtet –, wird kein Zufall gewesen sein. Beide erzählen von einem Ritter und einer Dame, die gleich am Anfang heiraten, deren Ehe dann einer schweren Belastung ausgesetzt wird und die sich am Schluß wieder versöhnen. Vielleicht war Hartmanns Auftraggeber an der Darstellung höfischer Eheprobleme besonders interessiert.

In Hartmanns zwei kürzeren Verserzählungen, „Der Arme Heinrich" und „Gregorius", sind höfische und religiöse Motive eng verbunden. In beiden steht eine innere Umkehr im Mittelpunkt, die im „Gregorius" als Umschlag von Sünde zu Reue und Buße gestaltet ist, im „Armen Heinrich" als ein Akt der Selbsterkenntnis, die zu einer neuen Einstellung führt. Der „Gregorius" ist nach einer französischen Vorlage gedichtet („La vie de Saint Grégoire"). Es geht um einen doppelten Inzest. Aus einer Geschwisterliebe wird ein Sohn geboren, der später unwissentlich seine Mutter heiratet. Als die Wahrheit ans Licht kommt, erlegt er sich zur Buße die härteste Askese auf, aus der ihn schließlich Gottes Gnade zum Papsttum beruft. Für den „Armen Heinrich" ist keine Vorlage nachgewiesen. Die Geschichte erzählt von einem adligen Herrn, Heinrich von Aue, der an Aussatz erkrankt, von dem er nur geheilt werden kann, wenn ein unschuldiges Mädchen ihr Blut für ihn opfert. Eine Meierstochter, die ihn gepflegt hat, ist dazu bereit. Als der Arzt sie gerade töten will, erkennt Heinrich, daß es falsch ist, das Opfer des Mädchens anzunehmen, und unterwirft sich dem Willen Gottes. Dessen Gnade erlöst ihn dann von dem Siechtum. Zuletzt heiratet Heinrich das Mädchen. Im Mittelalter war Hartmann vor allem als Dichter der ersten deutschen Artusromane berühmt. Erst im 19. und 20. Jahrhundert haben die beiden Verserzählungen eine breitere Wirkung entfaltet als die Romane.

Das „Klagebüchlein" ist ein Streitgespräch zwischen dem *herze* und dem *lîp* über die Leiden und Freuden des Minnedienstes. Während der *lîp* die Beschwerlichkeiten des Dienstes beklagt, sucht das *herze* ihn zu tugendhaftem Handeln anzuhalten, weil nur durch Tugendhaftigkeit die Huld der Dame zu gewinnen sei. Die „Klage“ steht merkwürdig isoliert in der Literatur der Zeit. Sie hatte keine Vorbilder und hat keine Nachfolge gefunden. Hartmann knüpfte an die lateinische Tradition der Streitgespräche an, vor allem an die Gespräche zwischen Leib und Seele, hat die Konstellation jedoch ganz ins Innerweltliche gewendet. Als ein Gespräch über die Minne ist die Dichtung ein Vorläufer der später beliebten Gattung der Minnereden. Die „Klage“ zeugt von einer guten Kenntnis der frühscholastischen Psychologie und Anthropologie und ist damit zugleich ein Zeugnis für den Zusammenhang zwischen lateinischer Wissenschaft und höfischer Dichtung.

18 Lieder sind in den großen Liederhandschriften unter Hartmanns Namen überliefert. Die meisten sind Minneklagen über die Aussichtslosigkeit des Frauendienstes. Besonders interessant ist das sogenannte „Unmutslied“ (Des Minnesangs Frühling [= MF] 216,29), in welchem der Sänger sich vom Minnesang abwendet und eine Gegenseitigkeit der Liebe fordert, die er bei den *armen wîben* zu finden hofft. Das Lied kann nicht als persönliches Bekenntnis gelesen werden, obwohl der Sänger sich mit dem Namen Hartmann anreden läßt: *Maniger grüezet mich alsô: ... ‚Hartman, gên wir schouwen ritterlîche vrouwen‘* (MF 216,29–32). Es ist ein raffiniertes Spiel mit den Realitätsebenen und mit der poetischen Fiktion des höfischen Frauendienstes, der den ritterlichen Sänger verpflichtete, sich dem Willen der umworbenen Dame zu unterwerfen. Einen eigenen Ton haben auch Hartmanns Kreuzlieder, besonders das dritte Kreuzlied (MF 218,5) mit dem Vers: *und lebte mîn her Salatîn und al sîn her dien braehten mich von Vranken niemer einen vuoz* (MF 218,19–20). An diesem Vers entzündete sich ein langer Streit darüber, ob Hartmann am Dritten Kreuzzug (1189/90) oder am Vierten Kreuzzug (1197/98) teilgenommen habe. Heute hat sich die Einsicht durchgesetzt, daß das Abfassen von Kreuzliedern nicht die persönliche Teilnahme an einem Kreuzzug voraussetzte. Bemerkenswert ist das dritte Kreuzlied auch

deswegen, weil hier die Auseinandersetzung mit dem höfischen Frauendienst durch die Konfrontierung mit dem Dienst für Gott auf dem Kreuzzug weitergetrieben wird, was zu einer radikalen Abwertung der höfischen Werte führt.

Die Reihenfolge der Werke scheint insoweit klar zu sein, daß der „Erec“ an den Anfang gehört und der „Iwein“ an den Schluß. Der „Gregorius“ scheint dem „Erec“ zeitlich näher zu stehen, der „Arme Heinrich“ dem „Iwein“. Problematisch ist die Einordnung der „Klage“ und der Lieder. Die „Klage“ wird gerne ganz an den Anfang gestellt. Die Selbstbezeichnung des Ich-Sprechers als *jungelinc* (7) bietet dafür jedoch keine ausreichende Gewähr. Die Lieder lassen sich noch weniger auf die Frühzeit festlegen. Es ist durchaus möglich, daß die Lieder sich auf die ganze Schaffenszeit Hartmanns verteilen.

Chronologie

Die absolute Chronologie von Hartmanns Werken ist ein vertracktes Problem, für das es offenbar keine klare Lösung gibt. Es gibt bei Hartmann keine einzige zeitgeschichtliche Anspielung, die einen sicheren Anhalt bieten könnte. Die Nennung Saladins im dritten Kreuzlied kann diese Funktion nicht erfüllen, da der überlieferte Wortlaut des Textes nicht sicher erkennen läßt, ob hier von einem lebendigen oder einem bereits gestorbenen Saladin (gest. 1193) die Rede ist. Noch weniger Beweiskraft hat das Sultanat *Conne* oder *Connelant*, das im „Erec“ erwähnt wird (2003/07) und das für seinen Reichtum an Zobelfellen berühmt gewesen sein soll. Man identifiziert es mit dem antiken Iconium, dem heutigen Konya, das in Deutschland bekannt wurde, als Heinrich der Löwe 1172 auf seiner Orientreise dort vom türkischen Sultan empfangen wurde. 1190 wurde Iconium auf dem dritten Kreuzzug von Kaiser Friedrich I. erobert. Es ist jedoch nicht zu erkennen, daß Hartmanns Erwähnung von *Connelant* sich auf ein bestimmtes Zeitereignis bezieht.

Tatsächlich ist man ganz auf die relative Chronologie angewiesen, aus der allerdings auch nur ungenaue Daten zu gewinnen sind, weil die Datierung der meisten literarischen Texte umstritten ist. Hartmanns Werke sind nach Chrétiens „Érec et Énide" gedichtet und vor Wolframs „Parzival". Chrétiens „Érec et Énide" wird meistens um 1170 datiert.[1] Wolframs „Parzival" ist wahrscheinlich zwischen 1200 und 1210 entstanden.[2] Hartmanns Schaffenszeit fällt danach in die Jahre 1180–1200/10. Als Gottfried von Straßburg den Literaturexkurs des „Tristan" dichtete (um oder nach 1210), war Hartmann offenbar noch am Leben. Ob Hartmann im „Erec" die „Eneit" von Heinrich von Veldeke benutzt hat, ist nicht sicher (vgl. Dieter Kartschoke: Eneas – Erec – Tristrant. Zur relativen Chronologie der frühen höfischen Versromane [Lit.verz. Nr. 54]). Die Kenntnis dieses Werks würde den Beginn von Hartmanns Schaffenszeit auf die Jahre nach 1185 vorrücken.

---

1 Vgl. Peter F. Dembowski in: Chrétien de Troyes: Oeuvres complètes (Lit.verz. Nr. 7), S. 1053.

2 Der wichtigste Anhaltspunkt ist die Erwähnung der Verwüstung der Erfurter Weingärten im siebenten Buch des „Parzival" (379,18 ff.). Das bezieht sich wahrscheinlich auf ein Ereignis des Jahres 1203.

2. Der Text

Der Lektüre eines mittelalterlichen Textes muß eine Vergewisserung über die Textgrundlage vorausgehen. Solange Texte handschriftlich verbreitet wurden, war die Authentizität der Texte ein Problem. Die Handschriften sind im besten Fall bald nach der Abfassung eines Textes geschrieben worden, manchmal Jahrhunderte später. Die Texte wurden von Redaktoren eingerichtet und von Schreibern niedergeschrieben. Der Zuversicht der älteren Forschung, daß es gelingen könne, aus den erhaltenen Handschriften den ursprünglichen Wortlaut der Dichtungen zu erschließen, begegnet man heute mit Skepsis. Statt hypothetische Textfassungen zu erschließen, beschäftigt man sich lieber mit den tatsächlich erhaltenen Textzeugen.

Die „Erec"-Überlieferung

Im Fall des „Erec" ist die Frage der Authentizität des Textes ein besonders vertracktes Problem. Wir besitzen nur eine Handschrift, die den „Erec" einigermaßen vollständig überliefert. Das ist eine Handschrift aus dem 16. Jahrhundert, mehr als 300 Jahre nach der Abfassung des „Erec" geschrieben. Es ist das berühmte „Ambraser Heldenbuch" (= A), das im Auftrag Kaiser Maximilians I. in den Jahren 1504–1516 in Tirol von Hans Ried geschrieben worden ist (der „Erec" steht auf den Blättern 30rb – 50vb). Außerdem besitzen wir vier Fragmente: 1 Doppelblatt in Koblenz (= K), 3 Doppelblätter in Wolfenbüttel (= W), 1 Blatt in Wien (= V) und die neu gefundenen Reste eines Doppelblatts im Kloster Zwettl (= Z). Drei dieser vier Fragmente (K, W und Z) sind wahrscheinlich schon in der ersten Hälfte des 13. Jahrhunderts geschrieben worden, V erst am Ende des 14. Jahrhunderts.

Die ausgesprochen spärliche Überlieferung des „Erec“ ist auffallend und rätselhaft; sie steht in keinem Verhältnis zu der Wirkung, die der „Erec“ im 13./14. Jahrhundert entfaltet hat (vgl. S. 151 f.), und paßt nicht zum Überlieferungsbefund der übrigen epischen Werke Hartmanns (vom „Iwein“ sind 32 Handschriften und Fragmente erhalten). Es ist möglich, daß ein blinder Zufall gewaltet hat, dem ein Großteil der „Erec“-Überlieferung zum Opfer gefallen ist. Dagegen spricht allerdings, daß alle vier „Erec“-Fragmente auffallende kodikologische Übereinstimmungen aufweisen. Alle vier stammen aus Handschriften, die einspaltig beschriftet waren und in denen die Verse nicht einzeln abgesetzt, sondern fortlaufend geschrieben waren. Es gibt Indizien, die darauf hinweisen, daß auch die „Erec“-Handschrift, aus der Hans Ried den „Erec“-Text abgeschrieben hat, ebenso eingerichtet war (vgl. C. Cormeau und K. Gärtner [Lit.verz. Nr. 2], S. XV). Dieser Beschriftungstyp war kennzeichnend für die ältesten deutschen Epenhandschriften, die um 1200 oder bald danach geschrieben wurden. Später wurden Epenhandschriften nur noch vereinzelt so eingerichtet. Im 13. Jahrhundert setzte sich ein neuer Einrichtungstyp mit zweispaltiger Beschriftung und abgesetzten Versen durch. Das deutet darauf hin, daß es eine relativ breite frühe „Erec“-Überlieferung gab, die dann offenbar keine Fortsetzung mehr fand. Die Gründe dafür sind unbekannt.

Die Vorlage des Ambraser „Erec“

Der Schreiber des „Ambraser Heldenbuchs“ hat wahrscheinlich eine alte „Erec“-Handschrift des 13. Jahrhunderts als Vorlage benutzt. Diese Vorlage scheint bereits lückenhaft gewesen zu sein. In der Ambraser Handschrift fehlt der Anfang des „Erec“; und auch später scheint der Text einige größere Lücken aufzuweisen, eine nach Vers 4317 und eine nach Vers 4629, die zum Teil durch die Wolfenbütteler Fragmente gefüllt worden ist.

Der „Erec“ beginnt in der Ambraser Handschrift auf fol. 30rb mitten im Satz mit dem Vers: *bey ir vnd bey ir weyben* (1). Ein Prolog und der Anfang der Erzählung fehlen. Der erste „Erec“-Vers schließt ohne Lücke oder sonstige Markierung an den Vers: *seine wort müst man fliehen* an, mit dem der dem „Erec“ vorangehende Text, die Verserzählung „Der Mantel“, unvollendet abbricht (Vers 994 in der Ausgabe von Werner Schröder [Lit.verz. Nr. 129]). Der Schreiber „Hans Ried hat wohl gar nicht bemerkt, daß hier ein neues Werk begann“ (Volker Honemann [Lit.verz. Nr. 44]). Dafür spricht auch die Überschrift, die Ried am Anfang des „Mantel“ eingefügt hat, in der eine Dichtung über König Artus und drei seiner Ritter, Gawein, Keie und Erec, angekündigt wird. Die Position des „Erec“ in der Ambraser Handschrift spricht ebenfalls dafür, daß das „Mantel“-Fragment am Anfang des „Erec“ für einen Teil von Hartmanns Dichtung gehalten wurde. In der Handschrift steht der „Erec“ nämlich unmittelbar hinter Hartmanns „Iwein“, Hartmanns „Klage“-Büchlein und dem sogenannten „Zweiten Büchlein“ (das ebenfalls als ein Werk Hartmanns galt). An keiner anderen Stelle ist in der Ambraser Handschrift so deutlich ein aus mehreren Werken bestehendes Autor-Œuvre zusammengestellt worden.

Es ist sehr wahrscheinlich, daß Ried die Verbindung von „Mantel“ und „Erec“ nicht selbst vorgenommen hat, sondern bereits in seiner Vorlage vorfand. Das würde bedeuten, daß bereits im 13. Jahrhundert „Mantel“ und „Erec“ miteinander verbunden waren. Man möchte die unorganische Zusammensetzung mit dem syntaktisch in der Luft hängenden ersten „Erec“-Vers, die jedem aufmerksamen Leser auffallen mußte, für ein Produkt des Zufalls halten. Wahrscheinlicher ist jedoch, daß „Mantel“ und „Erec“ absichtlich zusammengefügt worden sind. „Der Mantel“ erzählt von einer Keuschheitsprobe am Artushof, bei der die Damen des Hofes nacheinander bloßgestellt werden. Zugrunde liegt die altfranzösische Verserzählung „Du mantel mautaillé“. Solche komisch-satirischen Keuschheitsproben sind in mehrere Artusromane aufgenommen worden, in Deutschland zuerst in der „Krone“ von Heinrich von dem Türlin. Dieses Werk hat der Verfasser des „Mantel“ offenbar gekannt (Heinrich von dem Türlin wurde lange Zeit für den Verfasser des „Mantel“ gehalten). Der deutsche „Mantel“ hat seine französische Vorlage an entscheidender Stelle verändert: Die einzige

Dame am Hof, die die Probe glimpflich besteht, ist im französischen Text Galeta, die Geliebte von Carados. Der deutsche Bearbeiter hat dieses Paar durch Erec und Enite ersetzt, die im französischen Text gar nicht vorkommen. Vermutlich hat der doppelte Schönheitspreis am Anfang des „Erec", den Enite gewinnt, den „Mantel"-Dichter bewogen, Enite auch zur Heldin der Mantelprobe zu machen. Vielleicht hat auch das im „Erec" zentrale Motiv der Erprobung der Frau die Verbindung der Texte gefördert. Daß der „Mantel"-Dichter den „Erec" kannte, zeigt die Schilderung der Ankunft von Erec und Enite am Artushof (955 ff.). „Das kann sich nur auf Enites erstes Auftreten am Artushof im ‚Erec' beziehen" (Werner Schröder [Lit.verz. Nr. 129], S. 166). Man muß sogar mit der Möglichkeit rechnen, daß der deutsche „Mantel" gar nicht als selbständige Verserzählung geplant war, sondern von vornherein im Hinblick auf den „Erec" gedichtet worden ist. Dann wäre der „Mantel" kein Fragment, sondern der sekundär hinzugedichtete „Erec"-Anfang. Es ist auch möglich, daß erst der „Erec"-Redaktor, der „Mantel" und „Erec" zusammengefügt hat, den „Mantel"-Text im Hinblick auf den „Erec" umgearbeitet und dabei das Paar Galeta-Carados durch Erec und Enite ersetzt hat. Es würde sich lohnen, den umfangreichen „Mantel"-Prolog (Vers 1–90) probeweise als sekundär hinzugedichteten „Erec"-Prolog zu lesen. Warum der „Mantel"-Zudichter den Übergang zu Hartmanns „Erec" nicht harmonischer gestaltet hat, bleibt ein Rätsel.

Auf Grund der Textbefunde ist damit zu rechnen, daß die „Erec"-Vorlage von Hans Ried eine stark bearbeitete „Erec"-Fassung war, in der nicht nur der Anfang verlorengegangen und durch den „Mantel" ersetzt worden war, sondern die auch größere Lücken aufwies. Die Liste der Tafelrunden-Ritter in der Ambraser Handschrift (vgl. S. 28) läßt ebenfalls vermuten, daß der Ambraser „Erec"-Text einer nachträglichen Revision unterzogen wurde (vgl. Michael Müller: Namenkataloge [Lit.verz. Nr. 169], S. 172 ff.). Das würde bedeuten, daß die Ambraser Handschrift einen „Erec"-Text bezeugt, der nicht nur im Textbestand, sondern auch in der Textsubstanz nachträglich redigiert worden war. Man kann also keineswegs davon ausgehen, daß der Ambraser „Erec" ein zuverlässiges Bild von Hartmanns Dichtung vermittelt.

Hans Ried hat seine Vorlage, soweit sich das überprüfen läßt, ziemlich genau kopiert. Die Lautgestalt der Wörter ist jedoch weitgehend der Tiroler Schreibsprache des 16. Jahrhunderts angepaßt, um die Texte für die Benutzer der Handschrift lesbar zu machen. Altertümliche Wörter und Formen sind manchmal ausgelassen, manchmal durch Wörter und Formen, die dem Schreiber geläufiger waren, ersetzt. Nirgends hat ein eigener Formulierungswille in den Text eingegriffen. Die meisten der zahlreichen Fehler und Entstellungen erklären sich als Flüchtigkeiten beim Abschreiben. Manchmal sind einzelne Wörter ausgelassen, manchmal Wortgruppen oder ganze Verse. Manchmal ist der Text bis zur Unverständlichkeit entstellt, und Korrekturen bieten sich nicht überall an.

Von den vier Fragmenten bezeugen drei (K, V und das zweite und dritte Doppelblatt von W) einen „Erec“-Text, der im wesentlichen mit dem Ambraser „Erec“ übereinstimmt. Die Parallel-Überlieferung erlaubt es, den Ambraser Text wenigstens in einigen Partien zu kontrollieren, zu korrigieren und – wo A lückenhaft ist – zu ergänzen.

Der zweite „Erec“

1978 wurde ein neues „Erec“-Fragment publiziert (Lit.verz. Nr. 118), das aus derselben Handschrift stammt wie die bereits seit 1898 bekannten Wolfenbütteler Fragmente. Die Untersuchungen von Wolfgang Milde (Lit.verz. Nr. 119), Kurt Gärtner (Lit.verz. Nr. 115) und Eberhard Nellmann (Lit.verz. Nr. 120) haben ergeben, daß der „Erec“-Text der neuen Fragmente (= W I) nicht aus derselben Vorlage abgeschrieben sein kann wie der Text der bereits bekannten Wolfenbütteler Fragmente (= W II) (oder daß die Vorlage von W aus zwei verschiedenen „Erec“-Texten zusammengesetzt war). Während W II ziemlich genau dem Ambraser Text entspricht, gibt es keinen einzigen Vers in W I, der wörtlich mit A übereinstimmt. Außerdem stellte sich heraus, daß W I sich viel enger an die französische Vorlage anschließt als W II und der Ambraser „Erec“. Das läßt nur den Schluß zu, daß es in der ersten Hälfte des 13. Jahrhunderts zwei verschiedene „Erec“-Fassungen oder „Erec“-Dichtungen gegeben haben muß, die unabhängig voneinander auf die französische Vorlage zurückgegriffen haben. Wie sich dieses Nebeneinander erklärt und wie es sich erklärt, daß in der Wolfenbütteler Handschrift Teile von zwei verschiedenen „Erec“-Fassungen vereinigt worden sind, ist bis heute ein Rätsel. Unklar ist auch das zeitliche Verhältnis der beiden „Erec“-Texte zueinander. Welcher der beiden Texte von Hartmann von Aue stammt oder ob Hartmann zwei verschiedene Fassungen des „Erec“ gedichtet hat, läßt sich ebenfalls nicht mit Sicherheit beantworten. Die meiste Zustimmung findet heute offenbar die Ansicht von Eberhard Nellmann, daß Hartmanns „Erec“ im Ambraser „Erec“ und in den Fragmenten K, V und W II im großen ganzen erhalten sei, während W I ein Stück aus einer nach-Hartmannschen mitteldeutschen Neudichtung darstelle. Der Grund, warum die meisten Fragen keine sichere Antwort gefunden haben, ist nicht zuletzt der geringe Umfang von W I. W I besteht aus 9 Pergament-Streifen eines zerschnittenen Doppelblatts, auf denen 180 zumeist stark verstümmelte Verse überliefert sind.

Neu belebt wurde die philologische Diskussion über die „Erec“-Überlieferung durch die Auffindung eines neuen „Erec“-Fragments im Kloster Zwettl (= Z), das erst 2005 publiziert worden ist (Lit.verz. Nr. 123) und dessen Auswertung gerade erst begonnen hat. Der Fund besteht aus 10 Pergament-Stücken in einem sehr schlechten Erhaltungszustand. Nur ganz wenige Zeilen sind vollständig lesbar. In vielen Fällen sind nur wenige Buchstaben zu erkennen. Die Fragmente scheinen aus einer mitteldeutschen Handschrift aus der ersten Hälfte des 13. Jahrhunderts zu stammen. Erste Auswertungen durch Eberhard Nellmann (Lit.verz. Nr. 121) und Kurt Gärtner (Lit.verz. Nr. 116) haben ergeben, daß die Zwettler Fragmente denselben „Erec“-Text bezeugen wie die neuen Wolfenbütteler Fragmente W I. Die Zwettler Fragmente scheinen aus der Anfangspartie des „Erec“ zu stammen, während W I spätere Partien der Dichtung bezeugt. Damit wächst die Wahrscheinlichkeit, daß der zweite „Erec“ nicht nur eine Teil-Übertragung war, sondern daß neben dem Ambraser „Erec“ ein zweiter vollständiger „Erec“ existierte, der sich sehr viel enger an die französische Vorlage anschloß. Die durch W I aufgeworfenen Fragen zur Textgeschichte des „Erec“ stellen sich nach der Auffindung von Z noch dringlicher. Angesichts des geringen Umfangs der vom zweiten „Erec“ erhaltenen Reste ist allerdings zu befürchten, daß die meisten Fragen vorläufig unbeantwortet bleiben.

Die „Erec“-Ausgaben

Die Editionsgeschichte des „Erec“ stand unter keinem guten Stern. Dabei gibt es eigentlich kein großes textkritisches Problem. Ein Herausgeber des „Erec“ kann gar nichts anderes tun, als Hans Rieds „Erec“-Text abzudrucken. Sein Ermessensspielraum besteht nur darin, wie genau er dem Wortlaut von Hans Ried folgt oder wie stark er den Ambraser „Erec“ bearbeitet und wie er die Fragmente dem Ambraser Text zuordnet.

Die Ausgabe von Moriz Haupt (1839), besonders die unter Mitarbeit von Lachmann stark veränderte zweite Auflage von 1871, bildete die Grundlage für die wissenschaftliche Arbeit am „Erec“. Haupt hat die Ambraser Handschrift selbst nie gesehen; er kannte nur eine schlechte Abschrift. Er hat den frühneuhochdeutschen Ambraser „Erec“ in ein normalisiertes Mittelhochdeutsch zurückübersetzt, was nicht nur die lautliche Gestalt der Wörter betraf, sondern viele tiefer greifende Veränderungen des Wortlauts einschloß.

Haupt hat nicht nur alle *kain* in *dehein* verwandelt, alle *selber* in *selbe*, alle *pesser* in *baz* usw., sondern auch alle *nun* in *niuwan*, alle *wo hin* in *war*, alle *wartzu/o/* in *zwiu*, alle *gee* in *genc*, alle *umbe sich* in *umb in* usw. Er hat Negationspartikel eingeführt, das *zu* beim Infinitiv gestrichen (*behalten* für *zu behalten*), hat *do* in *dâ* und *so* in *sâ* geändert, wo das geraten schien. Man kann sich fragen, ob es gerechtfertigt ist, überall, wo

A *die fraw* vor Eigennamen schreibt, den Artikel zu tilgen, jedes *nur* durch *wan* zu ersetzen, jedes *ma/e/getlein* durch *magedîn*.

Schwerer wiegen die Konjekturen von *die* zu *dô*, von *von* zu *vor*, von *ich doch* zu *ez dô*, von *sein* zu *sît*, von *doch* zu *unz*, von *verlihen* zu *verzîhen*, von *munde* zu *vunde*, von *ir* zu *sîn*, von *biegen* zu *begân*, von *mit verre* zu *untiurre*, von *er uns die gabe jach* zu *er ims begarwe jach*, von *von der rede* zu *vor der grêde*, von *sich senet* zu *rîchete* usw. An vielen Stellen, die ihm fehlerhaft schienen, hat Haupt den Ambraser Text durch Konjekturen verbessert.

Der erste, der die Ambraser Handschrift selbst benutzt hat, war Albert Leitzmann. Seine „Erec"-Ausgabe von 1939 konnte Haupts Text an vielen Stellen korrigieren. Aber die große Mehrzahl von Haupts Konjekturen hat Leitzmann übernommen und durch neue Konjekturen vermehrt. Diese Konjekturen stehen fast alle noch in der 6. Auflage von Leitzmanns Ausgabe von 1985 (Lit.verz. Nr. 2), die heute als die maßgebende „Erec"-Ausgabe gilt.

Was wir dort als Hartmanns „Erec" lesen, ist nicht der Ambraser Text und erst recht nicht Hartmanns „Erec", sondern eine durch viele Konjekturen veränderte Rückübersetzung des Ambraser „Erec" ins Normal-Mittelhochdeutsche.

An einigen Stellen sind sogar Konjekturen bewahrt, die durch die Parallel-Überlieferung in einem der Fragmente als falsch erwiesen sind. Beim Eintritt in den Garten von Joie de la curt sagt Erec: *ich weste wol, der selbig wec gienge in der werlde eteswâ* (8521–22). Die A-Lesart *selbig* wird vom Koblenzer Fragment (K) in der Form *selbe* bestätigt. Die Konjektur *der Saelden wec* von Fedor Bech (Lit.verz. Nr. 113, S. 465), die Leitzmann in seine Ausgabe von 1939 übernommen hat und die noch in der neuesten Auflage seiner Ausgabe steht, hat in der „Erec"-Forschung eine große Rolle gespielt. Sie ist erst in der neuen „Erec"-Ausgabe von Manfred G. Scholz (Lit.verz. Nr. 3) zugunsten der handschriftlichen Lesung rückgängig gemacht worden.

Manfred G. Scholz (Lit.verz. Nr. 3) ist an zahlreichen Stellen zum Wortlaut der Ambraser Handschrift zurückgekehrt. Das ist ein Fortschritt gegenüber der Leitzmannschen Ausgabe. Allerdings hat auch Scholz die größte Anzahl der Haupt-Leitzmannschen Konjekturen bewahrt. Leider fehlt auch ein Verzeichnis der Abweichungen von der Handschrift, wie es Kurt Gärtner und Christoph Cormeau für die 6. Auflage von Leitzmanns Text erarbeitet hatten.

Das dringendste Desiderat der philologischen „Erec“-Forschung ist ein vorsichtig normalisierter und nur in den evidenten Fehlern korrigierter Abdruck des Ambraser „Erec“, wobei alle Abweichungen von der Handschrift markiert oder aufgelistet werden sollten.

3. Textanalyse

Im Folgenden soll nicht nur die Handlungsfolge nachgezeichnet werden; zugleich soll auch die Aufmerksamkeit auf Einzelheiten der Erzählung gelenkt werden, die für das Verständnis des Textes wichtig erscheinen. Zu jedem Abschnitt wird ausgeführt, wie weit der Ambraser „Erec“ mit seiner französischen Vorlage übereinstimmt und wo er davon abweicht. Chrétiens „Érec et Énide“ wird nach der zweisprachigen Ausgabe von Albert Gier zitiert (Lit.verz. Nr. 9).

Der doppelte Schönheitspreis (1–1805)

Der verlorene Anfang

In der Ambraser Handschrift ist der ursprüngliche Anfang des „Erec“ durch das „Mantel“-Fragment ersetzt (vgl. S. 11). In Chrétiens „Érec et Énide“ entsprechen dem verlorenen Anfang 130 Verse mit einem Prolog (Vers 1–26) und einem knappen Bericht über das Osterfest, das König Artus mit vielen Rittern und Damen in Cardigan feiert.

Der Entschluß des Königs, einen alten Brauch zu erneuern und die Jagd auf den weißen Hirsch zu veranstalten, löst unter den Rittern Unruhe aus, weil mit der Jagd ein Schönheitspreis verbunden ist: Wer den weißen Hirsch erlegt hat, darf die schönste *pucele* (47) am Hof küssen. Gauvain befürchtet, daß daraus „großes Unheil“ (49) entstehen könne, weil jeder Ritter seine Dame für die schönste halte. Der König setzt sich jedoch über diese Einwände hinweg. Als die Ritterschaft am nächsten Morgen aufgebrochen ist, unternimmt die Königin in Begleitung einer Hofdame einen Ausritt. Erec, ein Ritter der Tafelrunde, reitet ihnen nach. An dieser Stelle hat Chrétien einen großen Ritterpreis eingefügt: Kein anderer Ritter am Artushof könne sich mit Erec an Schönheit messen; keiner genieße so hohen Ruhm; keiner sei durch so viele Tugenden ausgezeichnet. Als Erec die Königin einholt, ist der Punkt erreicht, an dem die Ambraser Handschrift einsetzt.

Dieser Anfang ist in vielfacher Weise bemerkenswert. Der Prolog enthält grundlegende Aussagen zur Poetik des Romans, die für das Verständnis der ganzen höfischen Epik von Bedeutung sind (vgl. S. 77 f.). Ob auch Hartmanns Dichtung mit einem Prolog begann, ist unbekannt. Die anderen epischen Dichtungen Hartmanns beginnen alle mit einem Prolog. Es ist jedoch müßig, Vermutungen darüber anzustellen, was in Hartmanns „Erec"-Prolog gestanden haben könnte.

Der Anfang des Epos mit einem Hoffest von König Artus war ein Gattungssignal. Der Name Artus steht für den keltischen Stoffkreis, den Chrétien mit „Érec et Énide" in die französische Literaturgeschichte eingeführt hat. Die meisten Artusromane in Frankreich und Deutschland beginnen mit einer Szene am Artushof. Diese Szene eröffnet die neue Bauform des Artusromans und steht für ein neues Gesellschaftsbild, das bei Chrétien gleich in den ersten Versen umrissen wird: „Nie zuvor hatte man eine so herrliche Versammlung gesehen, denn viele treffliche Ritter waren dort vereinigt, kühn, immer zum Kampf bereit und stolz, sowie edle Damen und Jungfrauen, Königstöchter, schön und liebenswürdig" (30–34). Gleich in der Anfangspartie fällt das Stichwort für diese neue Gesellschaft: *la Table Reonde* (83), die Tafelrunde, der runde Tisch, das Symbol für eine adlige Gesellschaft, in der alle um den Tisch Versammelten gleichrangig sind an Vortrefflichkeit und ritterlichem Ruhm.

Das Hoffest findet zu Ostern statt. Von kirchlichen Zeremonien ist nicht die Rede. Das Gesellschaftsleben wird von weltlichen Ritualen bestimmt. Eine alte *costume* (38) bringt die Handlung in Bewegung, ein alter Brauch, den der König neu belebt: die Jagd auf den weißen Hirsch. Auch dieser Hirsch ist gattungsprägend: Immer wieder begegnen im Artusroman märchenhafte Motive, die aus dem Motivschatz keltischer Feengeschichten zu stammen scheinen. Die Jagd ist mit einem Schönheitspreis verbunden. Das sind die Beschäftigungen der Artusgesellschaft: gesellige Veranstaltungen und zeremonielle Küsse. Bewegt wird die Gesellschaft von einem agonalen Motor: Welcher Ritter ist der beste Jäger? Welche Dame ist die schönste? Ritterliche Tüchtigkeit und Frauenpreis stehen im Mittelpunkt.

Die Hofgesellschaft ist jedoch nicht frei von Spannungen. Gleich die ersten Worte des Königs schaffen einen Konflikt, der den Frieden am Hof bedroht. Die Ritter, als deren Sprecher Gauvain hervortritt, billigen nicht das Vorhaben des Königs, weil jeder eine Einbuße seines Ansehens befürchtet, wenn nicht seine Dame den Schönheitspreis empfängt. Der König erscheint als starrsinnig und behält doch am Ende recht. Dies aber nur, weil seine Frau, die Königin Guenievre, es so klug einzurichten weiß, daß der Konflikt auf unerwartete Weise gelöst wird.

Wir wissen nicht, wie Hartmann mit den gattungstypischen Motiven, die Chrétien am Anfang versammelt hat, umgegangen ist. Wenn er das meiste übernommen hat, konnte auch das deutsche Publikum gleich aus den ersten hundert Versen ersehen, daß mit dem „Erec“ ein neues Kapitel der Literaturgeschichte begann.

Die Begegnung mit dem fremden Ritter (1–159)

Die Königin Ginover erblickt einen fremden Ritter, der von einer Dame und einem Zwerg begleitet wird, und äußert den Wunsch, den Namen des Ritters zu erfahren. Der Zwerg beantwortet die höflich vorgetragene Frage des Hoffräuleins mit groben Unhöflichkeiten und mit Gewalt: Er schlägt das Mädchen mit seiner Geißel ins Gesicht. Nicht besser ergeht es Erec: Auch er bekommt die schimpflichen Schläge zur Antwort und kann sich nicht wehren, weil er unbewaffnet ist und fürchten muß, daß der hoch gerüstete Ritter ihn totschlägt. Ohne ein Wort gesprochen zu haben, setzt der Ritter mit seinem Anhang seinen

Weg fort. Für den gedemütigten Erec ist es das Schlimmste, daß die Königin seine Schande mitangesehen hat. Er bricht sofort auf: In drei Tagen werde er zurück sein, falls ihn nicht ein Unfall daran hindere. Die Königin bedauert, daß Erec sich „so jung" (*alsô junger* 145) in „so große Gefahr" (*sô grôze vreise* 146) begibt, läßt ihn aber ziehen.

Vergleich mit Chrétien

Hartmann hat der Königin anstelle des einen Hoffräuleins eine ganze Schar von „Frauen" zugeordnet, wodurch die Symmetrie der beiden Dreiergruppen, die sich bei Chrétien auf der Heide begegnen, verlorengeht. Diese Symmetrie war insofern von Bedeutung, als dem dominierenden Ritter der einen Gruppe in der zweiten Dreiergruppe die Königin entspricht und Erec als Begleiter der Königin die Position der Dame des fremden Ritters einnimmt. Daß Erec sich von der Männergesellschaft der Ritter abgesondert und sich den Damen zugesellt hat, ist sicherlich kein Zufall. In auffälliger Weise ist Erec im Anfangsteil der Dichtung von Frauen umstellt. Die merkwürdige Gruppe des fremden Ritters mit Dame und Zwerg hat noch eine zweite Parallele: Gegen Ende der Dichtung wird wieder ein bewaffneter Ritter in Begleitung einer Dame und eines Zwerges auf dem Weg zum Artushof sein: Erec, Enite und Guivreiz, wenn sie von Penefrec kommen.

Die Klage der Königin über Erecs Jugend und Unerfahrenheit ist neu bei Hartmann. Das zeigt, daß Hartmann die Erec-Gestalt anders angelegt hat als Chrétien (vgl. S. 96).

Bei Hartmann liegt der Akzent auf Erecs emotionaler Reaktion. Wo der französische Erec besonnene Überlegungen anstellt, spricht der deutsche Erec fast nur von seinen Gefühlen, von seiner Scham und Schmach und von seinem Überdruß am Leben (*ich ... enweiz zwiu mir daz leben sol* 123.26), falls ihm nicht Genugtuung werde. Erec kommt *mit grôzer schame* (110) zur Königin zurück, *schamvar ... under ougen* (112), und die Königin reagiert mit großem Bedauern: *der küneginne was vil leit* (144) (zum emotionalen Gehalt dieser Szene vgl. Irmgart Gephart: Das Unbehagen des Helden. Schuld und Scham in Hartmanns Erec [Lit.verz. Nr. 35], S. 19ff.).

Am weitesten hat Hartmann sich am Ende der Szene von Chrétien entfernt. Als Erec zur Verfolgung des fremden Ritters aufbricht, wechselt die Szene bei Chrétien zurück zum Artushof. Der weiße Hirsch ist vom König erlegt worden, und Artus will sein Kuß-Recht wahrnehmen. Unter den Rittern kommt es zu den befürchteten Unmutsregungen. Die Situation wird durch die Rückkehr der Königin entschärft, als diese von ihrem Erlebnis berichtet und den König bittet, den Kuß um drei Tage zu verschieben, bis Erec zurückgekehrt sei, was allgemeine Zustimmung findet. Dann springt die Szene zu Erec zurück. Hartmann hat diese kunstvolle Schachtelung nicht übernommen; er erzählt vom Ausgang der Jagd erst viel später, als der von Erec besiegte Ritter sich am Artushof der Königin stellt (1104 ff.).

Was der Königin auf ihrem Ausritt passiert, ist sehr ungewöhnlich. Ein fremder Ritter reitet kampfbereit durch König Artus' Land und wagt es, nicht weit vor den Toren des Königssitzes die Königin des Landes schwer zu beleidigen, ohne daß dafür ein Motiv genannt wird. Die Hörer und Leser sollten wohl auf ein Baugesetz des Artusromans aufmerksam gemacht werden: Wenn man den Hof verläßt, ist man in einer anderen Welt, in der die Regeln und Formen der höfischen Interaktion keine Geltung besitzen. Es ist der befremdliche Bereich der *âventiure*, eine zugleich wunderbare und bedrohliche Welt, in der das Unwahrscheinliche keiner Begründung bedarf.

In der ersten *âventiure*, die Erec begegnet, ist er nicht der strahlende Held, sondern ein von Schande Gezeichneter. Daraus erwächst ein neues Handlungsmotiv. Es geht jetzt darum, die Schmach zu rächen und das Ansehen in der Gesellschaft wiederherzustellen. Erec scheint dabei nur an sich selbst zu denken; er scheint nicht zu bemerken, daß die Beleidigung der Königin viel schwerer wiegt als die Schmach eines *juncherren* (150). Für das Ansehen der Königin möge Gott sorgen (133 f.), ist Erecs Standpunkt. Diese Selbstbezogenheit und Rücksichtslosigkeit ist wohl kaum positiv gemeint.

Erec in Tulmein (160–1483)

Erec folgt dem fremden Ritter und seinen Begleitern bis zur Burg und Stadt Tulmein, wo Herzog Imain seinen Sitz hat. Dort findet, wie der Erzähler berichtet, jedes Jahr ein Schönheitswettbewerb statt: Jeder Ritter kann für die Schönheit seiner Dame kämpfen. Der Sieger erhält einen Sperber, den er seiner Dame als Preis überreicht. Bereits zweimal hat der Ritter, den Erec verfolgt, den Sperber gewonnen. In diesem Jahr will er ihn zum dritten Mal behaupten. Er ist so gefürchtet, daß kein Ritter es wagt, gegen ihn anzutreten. Während der Ritter in der Burg des Herzogs gastliche Aufnahme findet, muß Erec in der Stadt ein Nachtquartier suchen. Die Häuser sind alle voll, in Erwartung des Sperberfestes. Erec sucht schließlich in einem „alten Gemäuer" (252), das er für unbewohnt hält, einen Schlafplatz. Zu seiner Überraschung findet er dort einen weißhaarigen Mann in ärmlicher Kleidung, dessen Haltung jedoch den Edelmann verrät. Erec fürchtet, dessen Hausrecht verletzt zu haben, und bittet „schamrot" (*schamerôt* 303) um eine Herberge. Der Alte heißt ihn jedoch willkommen und beweist seine „hohe Gesinnung" (*rîches muotes* 314), indem er trotz seiner Armut einen Gast bewirtet. Der Alte – er heißt Koralus – lebt allein mit seiner Ehefrau und seiner Tochter. Enite, die Tochter, „war eins der schönsten Mädchen" (310). Sie trägt ein zerrissenes Kleid über einem abgetragenen Hemd; „ihr Körper schimmerte durch die schäbige Kleidung wie eine Lilie" (336–37). Der Alte war einst ein mächtiger Graf und ist ohne eigene Schuld in bittere Armut geraten. Seine Frau ist eine Schwester des Herzogs Imain. Die *edeln armen* (432) tragen ihre Armut mit höfischem Anstand (*mit zühten* 419). Von Koralus erfährt Erec, daß der fremde Ritter Iders heißt und zum Sperberkampf gekommen ist. Erec erzählt, welche „große Schande" (*grôz laster* 488) ihm widerfahren ist, und bittet seinen Wirt um Hilfe: Er möge ihm eine ritterliche Ausrüstung leihen und ihm seine Tochter mitgeben, damit er zum Kampf um den Sperber gegen Iders antreten könne. Wenn er Sieger bleibe, wolle er Enite zur Ehefrau nehmen. Der Alte hält das für Spott, erklärt dann jedoch sein Einverständnis. Am nächsten Tag werden Erec und Enite von Herzog Imain willkommen geheißen. Das Angebot des Herzogs, seine Nichte besser zu kleiden, lehnt Erec ab. Nach dem Essen begeben sie sich auf den Kampfplatz. Erec beansprucht den Sperber, Iders verwehrt es ihm. Der Kampf muß entscheiden. Erec hat den Nachteil, daß die alten Waffen von Koralus Iders prächtiger Ausrüstung nicht gleichwertig sind. Es wird ein langer, harter Kampf. Beim fünften Anritt gelingt es Erec, den Gegner vom Pferd zu stechen. Der anschließende Schwertkampf bleibt lange unentschieden. Nach Stunden sind beide so ermattet, daß sie eine Kampfpause verabreden. Dann geht es weiter, bis Erec schließlich die Oberhand behält. Iders muß um Gnade bitten; Erec läßt sich Sicherheit geben und erlegt dem Besiegten auf, sich am Artushof der Königin zu überantworten. Der Zwerg wird zur Strafe ausgepeitscht.

Als Iders den Artushof erreicht, wird nachgetragen, daß Artus den weißen Hirsch „gefangen" hat (1105) und daß der Kuß auf Bitten der Königin verschoben wurde. Iders fällt der Königin zu Füßen und bittet um Gnade. Er kündigt Erecs Rückkehr für den nächsten Tag an. Alle freuen sich, daß Erecs *êrstiu ritterschaft* (1266) so ruhmvoll ausgegangen ist. Ein großartiger Empfang wird vorbereitet.

Dann wechselt die Szene zurück nach Tulmein. Erec lehnt eine Bewirtung durch Herzog Imain ab und begibt sich zusammen mit dem Herzog und einem großen Gefolge zu der ärmlichen Behausung seines Schwiegervaters, wo der Herzog ein großes Fest ausrichtet. Am nächsten Tag brechen Erec und Enite zum Artushof auf. Enite hat ein prächtiges Pferd von ihrem Oheim erhalten. Unterwegs wechseln Erec und Enite liebevolle Blicke. „Liebe und Treue ergriffen Besitz von ihnen" (1497).

Vergleich mit Chrétien

Als Erec in Lalut (so heißt Tulmein bei Chrétien; der Name der Stadt wird erst in Vers 6268 genannt) eintrifft, herrscht dort ein fröhliches Treiben, das Chrétien ausführlich schildert. Das hat Hartmann stark gekürzt. Im deutschen Text hat der Erzähler an dieser Stelle eine Erklärung eingeschoben, die die Zuhörer darüber informiert, um was es in Tulmein geht. Diese Informationen erhält Erec im französischen Text erst später von dem alten Edelmann, bei dem er einkehrt. Der fremde Ritter (sein Name Ydiers wird bei Chrétien erst in Vers 1042 genannt, als Erec ihn besiegt hat und der Besiegte seinen Namen nennen muß) wird in der Stadt festlich empfangen; Erec dagegen wird von niemandem begrüßt. Bei Chrétien braucht Erec nicht lange nach einem Quartier zu suchen: Ein alter Edelmann, der auf der Treppe seines Hauses sitzt, heißt ihn sogleich willkommen. Das hat Hartmann alles verändert. Die Armutsmotive spielen bei Hartmann eine viel größere Rolle als bei Chrétien. Der Edelmann ist im französischen Text zwar verarmt, aber er wohnt in seinem eigenen Haus, und drinnen ist alles vornehm eingerichtet. Er ruft seine Frau und seine Tochter herbei. Enide wird bei ihrem ersten Auftreten ausführlich beschrieben. „Die Jungfrau war sehr liebenswert; die Natur hatte ja auch all ihre Kunst darauf verwendet, ihren Körper zu bilden" (411–13). Enide trägt eine weiße „Bluse" (*cheinse* 405), die nur an den Ellbogen „löchrig" (*perciez* 408) ist, über einem Hemd „von feinem Stoff" (404), mit „kunstvollen Falten" (404). Hartmann hat daraus ein ganz zerfetztes Kleid gemacht. Bei Chrétien folgt ein großer Schönheitspreis, in dem Enides Haar, ihre Stirn, ihr

Gesicht, ihre Augen, Nase und Mund einzeln gewürdigt werden. Ihre Schönheit war so groß, „daß man sich in ihr wie in einem Spiegel beschauen konnte" (440–41). Das alles hat Hartmann übergangen.

Bei Chrétien treten Erec und Enide gleich bei der ersten Begegnung in ein persönliches Verhältnis. Erec bestaunt ihre Schönheit (448f.), und Enide zeigt unverhohlene Freude, als sie vernimmt, daß er ein Königssohn ist, der um sie wirbt (684ff.). Hartmann hat jede Spur eines persönlichen Interesses getilgt. Erecs Heiratsversprechen wird bei Chrétien von dem Alten freudig begrüßt. Er hat bereits mehrere adlige Werber abgewiesen, weil er darauf wartete, „daß das Geschick ihr einen König oder Grafen zuführt" (531–32). Auch Enide wünscht sich sehr, daß sie einst als „eine mächtige Königin" „die Krone tragen" werde (689f.). Das hat Hartmann ganz anders gestaltet.

Bei der Beschreibung der Bewirtung und Gastung stellt sich Hartmann direkt in Gegensatz zu seiner Vorlage. Chrétien berichtet, daß Erec bei dem Edelmann mit Fleisch und Geflügel bewirtet wird, wobei ein Diener aufwartet, und daß weiche Kissen, Teppiche und Betten mit weißen Laken für ihn zurechtgemacht werden. Hartmann schildert das alles auch, aber nur, um mit einer Revocatio zu enden: Nichts davon war dort vorhanden (380f.). Es gibt im deutschen Text kein gutes Essen, keinen Diener und kein bequemes Lager, sondern nur eine kärgliche Mahlzeit und einen Strohsack.

Beim Sperberkampf gehen Erec und Ydiers bei Chrétien höflich miteinander um. Als Ydiers' Dame nach dem Sperber greift, macht Erec ihn ihr streitig. Bei Hartmann ist es umgekehrt, da tritt Erec als erster heran, und Iders stellt sich ihm entgegen. Nur bei Hartmann behandelt Iders seinen Gegner beleidigend und verächtlich und beschimpft Enite als „Bettlerin" (*dürftiginne* 694). Iders droht Erec an, daß er ihn ohne Gnade töten werde. Das ist neu bei Hartmann. Bei Chrétien werden beide Gegner im Lanzenkampf vom Pferd gestochen; bei Hartmann nur Iders. Die letzte Phase des Kampfes, als sie sich bei Chrétien gegenseitig blutig schlagen und schwer verwunden und Erec dem Gegner sogar ein Stück der Schädeldecke abschlägt, bevor es ihm gelingt, ihn gänzlich kampfunfähig zu machen, hat Hartmann sehr kurz abgemacht, ohne alle Einzelheiten. Die Bestrafung des Zwergs ist eine Zutat Hartmanns.

Neu ist bei Hartmann auch die Szene, in der Erec und Enite zum ersten Mal in körperlichen Kontakt treten. Nach dem Kampf „legte" Enite den erschöpften Erec „in ihren Schoß" (1317), während um sie herum festlicher Lärm erschallt. Hier wird Enite zum ersten Mal im

Verhältnis zu Erec aktiv. Daß die beiden beim Ritt zum Artushof liebevolle Blicke wechseln, hat Hartmann übernommen, nicht jedoch die Küsse, die Erec seiner Braut unterwegs gibt (1468). Auch nicht, daß Erec seine Braut von oben bis unten bewundert, ihre Haare, ihr Gesicht, Hals, Hände, „bis hinunter zur Hüfte" (1475), und daß die beiden ein herrliches Paar abgeben (1487ff., vgl. S. 104f.).

Die erste Begegnung Erecs und Enites steht im Zeichen der Bedürftigkeit. Erec ist mit Schande bedeckt und bedarf der Hilfe; Enite lebt in bitterer Armut. Der deutsche Erzähler betont den Gegensatz zwischen ihrer schmachvollen Bekleidung und ihrer Schönheit. Gleich bei ihrem ersten Auftritt wird Enite mit Pferden in Verbindung gebracht, wenn Koralus ihr befiehlt, das Pferd des Gastes zu versorgen.

Es ist ein Glücksfall, daß Erec bei Koralus findet, was er zum Kampf mit Iders braucht: eine Rüstung und eine Dame. Das Heiratsversprechen ist ein hoher Preis, den Erec zu entrichten bereit ist. Es scheint Erec gleichgültig zu sein, wer seine Gemahlin wird, wenn er nur seine Schande tilgen kann. Von einem persönlichen Interesse an Enite ist mit keinem Wort die Rede.

Nach der Jagd auf den weißen Hirsch ist der Sperberkampf die zweite periodisch veranstaltete *âventiure*, die eine ritterliche Bewährung mit einem Schönheitspreis verbindet. Den ersten Wettbewerb hat König Artus gewonnen, den zweiten gewinnt Erec. Den Schönheitspreis erhält beide Male Enite.

Der ritterliche Kampf gegen Iders leitet die Reihe von Zweikämpfen gegen ritterliche Gegner ein, die Erec im Verlauf der Dichtung zu bestehen hat: zweimal gegen Guivreiz, einmal gegen Keiin und zuletzt gegen Mabonagrin. Dabei verschieben sich die Kampfmotive. Während es im ersten Kampf um Erecs *êre* geht, geht es im letzten Kampf gegen Mabonagrin um die Freude des Hofes.

Die Ankunft am Artushof (1484–1805)

Am Artushof herrscht freudige Erwartung. König Artus reitet Erec mit ritterlichem Gefolge entgegen, um ihn wie einen verlorenen Sohn zu empfangen (1518 ff.). Am Hof wird Enite von der Königin in Empfang genommen. Sie läßt sie baden und prächtig kleiden; mit eigener Hand „näht" sie sie in ein Hemd aus weißer Seide (1541 ff.). Darüber legt sie ein Kleid aus grünem *samît* „nach französischem Vorbild" (1547). Dann führt Ginover sie dahin, wo der König mit den Rittern an der Tafelrunde sitzt. Bei dieser Gelegenheit werden mehr als 75 Ritter der Tafelrunde namentlich aufgezählt (1629 ff.). Beim Anblick Enites „erschraken" alle, die an der Tafelrunde saßen, „vor ihrer Schönheit" (*von ir schoene erschrâken die zer tavelrunde sâzen* 1737–38). König Artus setzt Enite neben sich und beendet nun das Abenteuer des weißen Hirschs, indem er Enite den Schönheits-Kuß gibt. „Dagegen wurde jetzt nichts mehr eingewandt, daß sie die Schönste sei" (1763–64). „Große Freude" (*michel wünne* 1797) herrscht am Hof.

Vergleich mit Chrétien

Bei Chrétien stehen König Artus und die Königin an den Fenstern des Königspalasts in Cardigan und halten Ausschau nach Erec. Als er eintrifft, herrscht große Freude, „denn alle liebten ihn" (1518). Erec bittet die Königin, Enide höfisch zu kleiden. Bei Hartmann geht die Initiative von Ginover aus. Die Beschreibung der Kleider ist bei Chrétien doppelt so lang wie bei Hartmann. Nur bei Chrétien wird auch der Geldwert der Kleidungsstücke angegeben. Daß Enide an der Hand der Königin den Saal betritt, hat Hartmann übernommen. Bereits bei Chrétien werden die Namen von etwa vierzig Artusrittern genannt (die Handschriften gehen in der Anzahl der Namen auseinander). Hartmann hat die meisten Namen übernommen und um etwa dreißig Namen vermehrt. Vieles deutet darauf hin, daß die Namenliste in der Ambraser Handschrift nachträglich redigiert worden ist (vgl. Michael Müller: Namenkataloge [Lit.verz. Nr. 169], S. 172 ff.). Nur im deutschen Text wird das Erschrecken der Ritter vor Enites Schönheit geschildert. Bereits bei Chrétien setzt der König Enide an seine Seite. Dann erweist Artus Enide „die Ehre des weißen Hirschs" (*del blanc cerf l'enor* 1735). Zuvor befragt er jedoch in einer langen Rede (1736–76) seine Ritter, ob sie einverstanden sind, daß Enide den Kuß der Schönsten erhält. Das hat Hartmann übergangen.

Die kunstvolle Verschachtelung der beiden Schönheits-Wettbewerbe hat Hartmann vereinfacht, indem er zwei Szenenwechsel zurück zum Artushof und wieder nach Tulmein zu einem zusammengezogen hat (vgl. S. 22f.). Mit dem Kuß des weißen Hirschs ist bei Chrétien ein bedeutungsvoller Punkt erreicht. Der abschließende Vers: „Hier endet der erste Abschnitt" (*ici fenist li premiers vers* 1796) markiert eine Abschnittsgrenze, die offenbar für die Komposition der ganzen Dichtung wichtig ist (vgl. S. 74f.). Folgt man diesem Baugedanken, so steht die Jagd auf den weißen Hirsch im Mittelpunkt des ersten Abschnitts. Das eingelegte Sperber-Abenteuer und die Werbung um Enide haben, so gesehen, in erster Linie die Funktion, den glücklichen Abschluß der Hirschjagd herbeizuführen. Erec, der an der Jagd nicht teilgenommen hat, ist es, der durch seinen Sieg im Sperber-Kampf die friedliche Lösung ermöglicht.

Hartmann hat dieses Konzept in wichtigen Punkten verändert. Die Gewichte sind anders verteilt. Die Jagd auf den weißen Hirsch bildet im deutschen Text eher einen lockeren Rahmen; im Mittelpunkt steht die Handlung um Erec, die bei Hartmann anders akzentuiert ist. Es geht hier um die *êrste ritterschaft* (1266) eines unerfahrenen *jungelinc*, der gleich bei der ersten Begegnung in Schmach und Schande gerät, dann aber dank seiner ritterlichen Tüchtigkeit zu hohem Ruhm gelangt. Bei Chrétien dagegen ist Erec von Anfang an ein hoch angesehener Ritter der Tafelrunde, der seinen hohen Rang im Sperberkampf bestätigt.

Erecs und Enites Hochzeit und *verligen* (1806–3104)

Die Hochzeit (1806–2221)

Erec schickt seinem Schwiegervater zwei Saumtiere mit Gold und Silber; außerdem gehen Boten nach Karnant mit der Bitte, König Lac möchte Koralus zwei Burgen übereignen. Inzwischen werden Erec und

Enite von Liebesverlangen bedrängt: „Beide dachten sie: ‚Ich kann nicht glücklich sein, wenn ich nicht mehrere Nächte bei dir liege'" (1872–75, vgl. 1847ff.). Ein so unverhüllter Ausdruck sexueller Begierde, auch von seiten der Frau, findet man nicht oft in einem Artusroman.

Artus hat die Fürsten und Grafen des Landes zur Hochzeit eingeladen. In feierlichem Aufzug kommen die Gäste am Hof an. 14 Tage dauert das Fest, dann noch einmal 14 Tage. Der Anlaß des Festes, Erecs und Enites Hochzeit, tritt fast in den Hintergrund. Die Heiratszeremonie wird in einem Satz erledigt: „Zusammengegeben wurden sie von dem Bischof von Cantwarje aus England" (2123–25). Von persönlicher Betroffenheit ist in der ganzen Festschilderung nicht die Rede.

Vergleich mit Chrétien

Die Fürsorge Erecs für seine Schwiegereltern nimmt bei Chrétien viel mehr Raum ein als bei Hartmann. Gleich nach dem Sieg über Ydiers hat Erec angekündigt, daß er ihnen Gold und schöne Stoffe schicken werde und daß er seinen Vater bitten wolle, ihnen zwei Schlösser zu übertragen. Das hat Hartmann übergangen. Nach dem Empfang am Artushof führt Erec sein Vorhaben aus. Fünf Saumtiere voll Kostbarkeiten schickt er los. Nur bei Chrétien geleiten Erecs Boten Enites Eltern in das Reich von Erecs Vater, wo König Lac ihnen zwei reiche Herrschaften übereignet. Das hat Hartmann stark gekürzt.

Bei Chrétien bittet Erec König Artus darum, „an seinem Hof die Hochzeit feiern" zu lassen (1871–72); „der König gewährte ihnen diese Gunst" (1873). Im deutschen Text heißt es nur, daß König Artus darauf bestand, daß die Hochzeit an seinem Hof gefeiert wird (1889ff.). Die Schilderung der Hochzeit füllt bei Chrétien 207 Verse (1865–2071); bei Hartmann sind es 335 Verse (1887–2221). Zugenommen hat der Umfang vor allem durch die Ausmalung des höfischen Protokolls. Die königlichen Gäste werden bei Hartmann zu einem prächtigen Festzug geordnet, in dem die fünf jungen und die fünf alten Könige sich durch die Farbe ihrer Kleider und ihrer Pferde unterscheiden. Auch die Jagdvergnügungen auf dem Ritt zum Artushof hat Hartmann ausgebaut. Dagegen hat er die Schilderung der Schwertleite von hundert Knappen und ihre reiche Ausstattung durch König Artus (1963ff.) übergangen.

Die wichtigste Veränderung in der Hochzeitsschilderung betrifft den Vorgang der Eheschließung. Die kirchliche Trauung – bei Chrétien nimmt der Erzbischof von Canterbury sie vor – wird bereits bei Chrétien kurz abgemacht. Dann wird bei Chrétien die Hochzeitsnacht ausführlich geschildert. Im Beisein der hohen Geistlichkeit wird die Braut von der Königin feierlich zum Hochzeitsbett geleitet. Als die Brautleute endlich alleine sind, werden die Freuden ihrer körperlichen Vereinigung ausgemalt. Diese ganze Szene hat Hartmann ausgelassen. Bei ihm schließt sich an die kirchliche Trauung gleich der Ausklang des Festes an.

Nach dem Hochzeitsfest von Eneas und Lavinia in Veldekes „Eneit“ ist dies die erste große Festbeschreibung der höfischen Literatur. Nach Hartmann fehlt dieses Thema kaum in einem der späteren Artusromane (vgl. Barbara Haupt: Das Fest in der Dichtung [Lit.verz. Nr. 41]). Das Fest bot Gelegenheit zur Darstellung des höfischen Prunks und des höfischen Zeremoniells. Die Streichung der Schwertleite bei Hartmann spiegelt vielleicht die anderen gesellschaftlichen Verhältnisse in Deutschland. Der älteste historische Beleg für die Ritterweihe einer größeren Anzahl von Knappen, den wir aus Deutschland besitzen, stammt erst aus dem Jahr 1192, als Kaiser Heinrich VI. zu Pfingsten in Worms seinem Bruder Konrad und dem Wittelsbacher Herzog Ludwig von Bayern den Rittergürtel verlieh.

Das Turnier (2222–2860)

Das Turnier, das drei Wochen später zwischen Tarebron und Prurin stattfindet, ist zeitlich und räumlich von der Hochzeit getrennt, kann aber als eine Fortsetzung des Fests betrachtet werden. Erec fehlen die Mittel, um auf dem Turnier so aufzutreten, wie er es sich wünscht (2262 ff.). Aus dieser Verlegenheit hilft ihm Artus. Er wählt drei Schilde aus: einen silbernen, einen roten und einen goldenen. Als Wappenbild trägt der erste Schild einen goldenen Ärmel – ein Zeichen, daß der Ritter zu Ehren seiner Dame kämpft –, der zweite einen silbernen Ärmel, der dritte einen schwarzen. Außerdem bekommt Erec fünf spanische Pferde und zu jedem Pferd zehn bemalte Lanzen sowie 15 Knappen, die mit Keulen bewaffnet sind. Als Helmzier trägt Erec einen Engel in einer Goldkrone. Am Sonntag wird zunächst eine *vespereide* (2454), ein Vorturnier, durchgeführt. Erec ist der erste auf dem Feld und besiegt mehrere Gegner in der Tjost. Damit erregt er allgemeine Bewunderung, vor allem weil er es verschmäht, die Pferde der besiegten Gegner in Besitz zu nehmen. Auch als die Ritter in geschlossener Formation gegeneinander anreiten, zeichnet sich Erec vor allen anderen aus. „Von beiden Parteien wurde Erec am Abend der Sieg zugesprochen" (2473–74). Der Montag ist der Tag für das eigentliche Turnier. Erec reitet „ohne Rüstung" (*wâfen blôz* 2505) in den Kampf und ist wieder der beste. Als seiner Schar die Niederlage droht, stürzt er sich ins Gedränge und gibt dem Kampf eine Wende. Am Abend sind sich alle einig, daß Erec den höchsten Preis verdient. Enite ist glücklich darüber, fürchtet jedoch, daß seine Tollkühnheit ihn das Leben kosten könnte, „wenn Gott ihm nicht mit seinem Schutz gnädig beistehen würde" (2837–38).

Nach dem Turnier nehmen Erec und Enite Abschied von Artus, um nach Karnant zurückzukehren.

Vergleich mit Chrétien

Bei Chrétien findet das Turnier vier Wochen nach Pfingsten statt. Chrétien spricht in diesem Zusammenhang von vielen bunten Ärmeln und bemalten Lanzen: Von daher hat Hartmann offenbar die Anregung zu Einzelheiten von Erecs Ausrüstung bezogen. Seine Ausstattung wird bei Hartmann viel ausführlicher erzählt als bei Chrétien. Bei Chrétien beginnt das Turnier gleich mit dem Anritt in geschlossenen Formationen auf beiden Seiten (2106 ff.). Die Einzel-*tjoste*, die bei Hartmann vorausgehen, sind eine Neuerung. Eine Gelegenheit zur *tjost* ergibt sich im französischen Text für Erec nur, wenn er aus der geschlossenen Reihe herausreitet und sich auch auf der anderen Seite ein Einzelkämpfer zeigt, so daß ihre Tjost zwischen den Formationen ausgetragen werden kann. Daß Erec die Pferde der besiegten Gegner frei laufen läßt, steht bereits bei Chrétien; nicht jedoch, daß Erec am zweiten Tag ohne Rüstung antritt. Auch bei Chrétien dauert das Turnier zwei Tage; es wird jedoch nicht zwischen Vorturnier und Hauptturnier unterschieden. Neben Erec tut sich bei Chrétien Gauvain im Turnier hervor; das hat Hartmann zurückgedrängt. Daß alle bereits am Abend des ersten Tages Erec für „den besten von allen Kämpfern" erklären (2197), hat Hartmann übernommen. Der zweite Tag wird bei Chrétien in wenigen Versen abgemacht.

Bei Chrétien wird das Turnier in 135 Versen erzählt (2072–2206), bei Hartmann in 589 Versen. Die ganze Aufmerksamkeit hat Hartmann auf Erec gelenkt, auf seine ritterlichen Taten und seinen Ruhm.

So deutlich es ist, daß Erec bei Hartmann mit seinen Taten im Turnier ritterliche Überlegenheit beweist, so deutlich ist auch, daß seine Handlungsweise übertrieben und überzogen wirkt. Er scheint ganz versessen darauf, alle anderen zu übertreffen und in jeder Beziehung der erste und beste zu sein. Wo Chrétiens Erec kluge Besonnenheit an den Tag legt, scheint der deutsche Erec von überzogenem Ehrgeiz angetrieben zu werden. Das reicht bis zu törichter Unbesonnenheit, wenn er ohne Rüstung in den Kampf reitet. Dieses Motiv begegnet gelegentlich in der höfischen Epik, meist als Beweis für einen radikalen Frauendienst, der das eigene Leben leichtfertig aufs Spiel setzt. Anders als bei Chrétien wird Erec im deutschen Text im Anfangsteil der Dichtung von Emotionen beherrscht, die ihn zu Unklugheiten verleiten. Das zeigt, wie weit der Erec des Anfangs von der verantwortlichen und beherrschten Besonnenheit des vorbildlichen Herrschers Erec am Schluß der Dichtung entfernt ist.

Die Turnierbeschreibung im „Erec“ ist die erste ausführliche Darstellung eines Turniers in deutscher Sprache. Spätere Artusromane haben das Thema aufgegriffen (vgl. William H. Jackson: Das Turnier in der deutschen Dichtung des Mittelalters [Lit.verz. Nr. 159]). Es hat jedoch offenbar nicht ebenso viel Interesse beim deutschen Publikum gefunden wie andere höfische Veranstaltungen. Der Grund dafür liegt wahrscheinlich außerhalb der Literatur. Turniere in der im „Erec“ beschriebenen Form waren in Deutschland weit weniger häufig als in Nordfrankreich und in Flandern. Auch im „Erec“ wirkt das große Turnier fast wie ein Fremdkörper. Mit dem Thema der Hochzeit hat es nicht direkt zu tun; es dient alleine der Verherrlichung Erecs. Über mehrere hundert Verse ist von Enite nicht die Rede.

Das *verligen* in Karnant (2861–3105)

In Karnant werden die Neuvermählten mit großer Pracht empfangen. Mit 500 Rittern ist König Lac ihnen drei Tagesreisen entgegengekommen. Gleich nach dem Empfang überträgt König Lac die Herrschaft an das junge Ehepaar: *er ... gap dô sîn lant in ir beider gewalt* (2418–20), „so daß Erec den Namen eines Königs gewann und Enite den einer Königin" (2921–22).

Bald nach der Ankunft wendet Erec „alle Gedanken an die Liebe zu Enite" (2929–30) und ist nur noch darauf bedacht, „wie er alles zu seiner Bequemlichkeit (*gemach*) einrichten könne" (2932–33). Die Liebenden verbringen den größten Teil des Tages im Bett und nehmen nicht mehr am Gesellschaftsleben des Hofes teil. Erec sorgt zwar dafür, daß seine Ritter Turniere besuchen können, beteiligt sich selbst aber nicht daran. Es kommt bald dahin, „daß niemand mehr Achtung vor ihm haben konnte" (2972–73). Der Hof *wart aller vreuden bar und stuont nâch schanden* (2989–90). Die Schuld daran gibt man Enite (2998). Enite erfährt davon und überlegt, wie sie dem ein Ende machen könnte. Sie wagt aber nicht, sich Erec mitzuteilen, weil sie fürchtet, ihn zu verlieren. Als sie einmal zur Mittagszeit mit Erec im Bett liegt und Erec eingeschlafen zu sein scheint, spricht Enite laut zu sich selbst und klagt darüber, daß sie „so viele Flüche hören muß" (3032). Erec ist jedoch wach und fragt sie nach dem Grund ihrer Klage. Auf sein Drängen hin offenbart Enite ihrem Mann, „worum es sich handelte" (3051). Erec befiehlt ihr sogleich, aufzustehen und das beste Kleid anzuziehen. Seinen Knappen befiehlt er, die Pferde fertig zu machen. Unter dem Vorwand, einen Spazierritt zu unternehmen, wappnet er sich heimlich und verläßt zusammen mit Enite ohne Abschied den Hof.

Vergleich mit Chrétien

Bei der Ankunft Erecs und Enides in Carnant wird bei Chrétien die Schönheit des Ortes, der zwischen Weinbergen, Äckern und Obstgärten liegt, beschrieben. Die Straßen sind Erec und Enide zu Ehren mit Teppichen und Tüchern geschmückt. Das hat Hartmann alles übergangen. Der Empfang des Paares durch König Lac ist bei Chrétien noch aufwendiger gestaltet als bei Hartmann. Vor allem hat Hartmann die Mitwirkung der Geistlichkeit vollkommen übergangen. Bei Chrétien läuten alle Kirchenglocken zur Ankunft, und 80 Geistliche begleiten den König, als er seinem Sohn entgegenreitet. Bei Hartmann fehlt auch, daß Erec und Enide sich zuerst zum Münster begeben, wo eine

Prozession sie empfängt. Nur bei Chrétien wird erzählt, daß Erec am Altar betet, daß er der Kirche reiche Geschenke macht, darunter ein goldenes Kreuz, das einst Kaiser Konstantin gehört hat und in das ein Splitter vom Kreuz Christi eingefügt ist. Auf dem Kreuz sind Karfunkelsteine, die einen solchen Glanz verbreiten, daß sie die ganze Kirche erhellen. Inzwischen betet Enide am Marien-Altar und bittet Gott, ihnen einen Nachkommen zu schenken. Sie schenkt der Kirche ein goldbesticktes Meßgewand, das einst von der Fee Morgue angefertigt wurde und das Enide zum Abschied von der Königin Guenievre erhalten hatte. Bei Hartmann fehlt das alles; auch daß sich das Paar anschließend zum Königspalast begibt, wo sie reiche Geschenke empfangen. Chrétiens Erzähler beendet diesen Abschnitt mit einem Preis von Enides Schönheit und Tugend. Nur die Übertragung der Herrschaft an die Neuvermählten fehlt bei Chrétien.

In der Schilderung des *verligens* in Karnant ist Hartmann seiner Vorlage genauer gefolgt. Noch mehr als Chrétien betont Hartmann, daß Erec durch sein Verhalten jegliche Achtung verlor, „als sei er nie ein Mann geworden" (2935), und daß er sich ganz dem *gemach* (2967) ergibt, dem verantwortungslosen Nichtstun (vgl. S. 98f.). Nur bei Hartmann steht, daß der Hof dabei verödet, weil die Ritter wegziehen und weil es keine höfische *vreude* mehr gibt.

In Enides Selbstgespräch über dem nur scheinbar schlafenden Erec fallen bei Chrétien die Worte: „Mein Freund, wie schade um dich!" (*Amis, con mar fus!* 2503). Das ist bei Chrétien das fatale „Wort" (*la parole* 2519), das den abrupten Wechsel in Erecs Haltung bewirkt und um dessentwillen Erec seiner Ehefrau schwere Strafen und harte Prüfungen auferlegt. Enide bedauert sofort und später immer wieder, daß sie dieses Wort ausgesprochen hat. Vermutlich war es für die Hörer und Leser damals nicht weniger schwierig als für die modernen Beurteiler, zu verstehen, was so furchtbar ist an diesem *con mar fus*. Man faßt es meistens so auf, daß Enide mit diesen Worten ihrem Ehemann die Achtung abspricht (etwa im Sinn von: ‚wie tief bist du gesunken!') und daß sie sich damit dem Urteil des Hofes anschließt.

Hartmann erzählt an dieser Stelle, daß Enite plötzlich von Erec abrückt (*vil gâhes ruhte si hin dan* 3025) und dann die Worte spricht: *‚wê dir, dû vil armer man, und mir ellendem wîbe'* (3029–30). Auch Enite bedauert später ihre Worte, die aber, anders als bei Chrétien, nicht einen Zweifel an Erec ausdrücken, sondern ihren Gram darüber, daß sie beide der Verachtung des Hofes anheimgefallen sind. Erecs Reaktion ist bei beiden Dichtern gleich: Der Entschluß zum Aufbruch ist sofort gefaßt.

Bei Chrétien reagiert Enide darauf mit einem zweiten Monolog, in dem sie von ihrer Angst spricht, Erec werde sie in die Verbannung schicken. Sie macht ihren „Hochmut" (*orguialz* 2602) dafür verantwortlich: „Mein Hochmut hat mich zu überheblich gemacht, da ich so zu weit gegangen bin mit dem, was ich sagte" (2602–03). Das hat Hartmann übergangen.

Anders als bei Hartmann trifft der französische Erec alle notwendigen Vorbereitungen für die Fahrt. Er läßt sich seine Rüstung bringen, und seine Wappnung wird ausführlich beschrieben. Als er sein Pferd satteln läßt, kommt König Lac mit vielen Rittern, die Erec begleiten wollen. Erec lehnt ab: Er will alleine mit seiner Frau losreiten. Auf Lacs besorgte Frage, was er vorhabe, „erzählt" Erec „ihm alles" (2713) und erklärt seinem Vater, „wie er seinen Zug geplant hatte" (2714). Außerdem bittet er ihn, Enide die Hälfte seines Königreichs zu übereignen, falls er nicht zurückkomme. Das verspricht Lac und gibt seinem Sohn den Segen. Der ganze Hof weint, als Erec und Enide aufbrechen. Das alles hat Hartmann weggelassen und durch Erecs heimlichen Aufbruch ersetzt.

Die Herrschaftsübertragung durch König Lac, die bei Chrétien fehlt, ist ein merkwürdiges Motiv. Was damit konkret gemeint ist, bleibt undeutlich. Davon, daß König Lac zugunsten seines Sohns abdankt, ist keine Rede; auch nicht von einer Krönung Erecs. Es handelt sich vielleicht um eine Form von Mitkönigtum, wie sie im Mittelalter gelegentlich praktiziert wurde. Möglich ist auch, daß nur ein Titular-Königtum gemeint ist. Zum König gekrönt wird Erec erst nach dem Tod von König Lac (vgl. S. 69).

Die frühe Erhebung Erecs zum König hat zur Folge, daß Erecs falsches Verhalten in Karnant bei Hartmann auch als ein Versagen des Herrschers zu werten ist, während es bei Chrétien um eine falsche Haltung des Ehemanns geht.

Das *verligen* in Karnant ist eine Katastrophe, nicht nur für Erec und Enite, sondern für den ganzen Hof in Karnant. Wie soll man das verstehen? Ist es so schlimm, wenn Neuvermählte Flitterwochen machen und ein paar Wochen nur für sich leben? Wie sah es in Karnant aus, bevor Erec vom Artushof zurückkam? Haben die Ritter in Karnant nicht auch ohne Erec gut gelebt? Warum können sie es jetzt nicht mehr? Solche Fragen soll man wohl nicht stellen; man bekommt keine Antworten. Man soll wohl einfach hinnehmen, was geschehen ist. Erec ist tiefer Verachtung verfallen. Der Hof ist verödet. Es gibt keine Freude mehr. Wer ist schuld? Das Urteil der Hofgesellschaft ist eindeutig: Enite. „Sie alle sprachen: ‚O weh der Stunde, daß wir unsere Herrin je kennengelernt haben. Davon geht unser Herr zu grunde'" (2996–98). Danach liegt Enites Schuld nicht in ihrem Verhalten, sondern darin, daß sie nach Karnant gekommen ist. Die Begründung für die Verurteilung durch die Hofleute ist alles andere als klar oder logisch. Erec kann nicht dadurch ins Verderben geraten sein, daß andere Leute Enite kennengelernt haben. Enites „Schuld" liegt für die Hofleute offenbar darin, daß es sie gibt. Oder: daß sie eine Frau ist und eine besonders schöne. Hier scheint das alte Eva-Schema durchzuschlagen: Schuld ist immer die Frau; der Mann ist nur der Verführte. Der Erzähler hat nicht dazu Stellung genommen.

In Karnant wird sichtbar, wie weit Erec und Enite von der Vorbildlichkeit entfernt sind, die sie am Ende der Dichtung erreichen werden. Erec und Enite sind ein Ehepaar, bei Hartmann auch schon ein Herrscherpaar, das sich ganz der Liebe hingibt. Was ihnen fehlt, ist die gesellschaftliche Verantwortung, die jeder Adlige und erst recht jeder Herrscher, auch der künftige, haben muß, um vorbildlich zu sein. Es geht im „Erec" nicht um Schuld oder Unschuld, sondern um richtiges und falsches Verhalten. Falsches Verhalten muß korrigiert, richtiges eingeübt werden. Der Sturz in tiefe Verachtung, den Erec und Enite in Karnant erleben, soll auf der *âventiure*-Fahrt überwunden und in neuen Ruhm verwandelt werden.

Die ersten Stationen der Abenteuerfahrt (3106–5287)

Die Räuber-*âventiure* (3106–3474)

Beim Aufbruch aus Karnant befiehlt Erec seiner Frau „bei ihrem Leben“ (*bî dem lîbe* 3095), vorauszureiten und nicht zu sprechen, ohne diese Auflagen zu begründen. Sie reiten ohne bestimmtes Ziel, „auf der Suche nach Abenteuern“ (*nâch âventiure wâne* 3111). In der ersten Nacht kommen sie in einen Wald, wo ihnen drei Räuber auflauern. Die voranreitende Enite sieht sie zuerst und will ihren Mann durch ein Zeichen warnen, das er jedoch nicht versteht. Aus Angst um Erecs Leben fleht sie zu Gott, ihr einen Ausweg zu zeigen. Die Einsicht, daß das Leben ihres Mannes ein höheres Gut ist als ihr eigenes („wir haben nicht denselben Wert“, *wir wegen ungelîche* 3173), bringt sie dazu zu sprechen. Erec wirft die Räuber nacheinander vom Pferd. Dann macht er Enite schwere Vorwürfe; in ihrem Verhalten sieht er die Unart des weiblichen Geschlechts bestätigt: Was ihnen verboten wird, das tun sie erst recht. Enite versichert ihm, aus Liebe gehandelt zu haben (*durch mîne triuwe* 3262), bittet um Verzeihung und verspricht, nie wieder gegen sein Gebot zu verstoßen. Erec erlegt ihr zur Strafe auf, Knechtsdienste zu leisten und die Pferde der Räuber zu versorgen. „Ganz nach Art der Frauen ertrug sie diese ungewohnte Mühsal“ (*vil wîplîchen si dô leit dise ungelernet arbeit* 3280–81).

Nach wenigen Meilen erblickt Enite wiederum Räuber, diesmal fünf. Wieder ringt sie mit sich, ob sie Erec warnen soll oder nicht. Wieder entschließt sie sich zu reden. Erec besiegt die fünf Räuber und macht Enite wieder schwere Vorwürfe. Wieder bittet Enite um Verzeihung und versichert, *durch triuwe* (3415) gehandelt zu haben. Erec verschärft die Strafe, indem er ihr auch die Sorge für die Pferde der fünf Räuber anbefiehlt. Mit Gottes Hilfe bringt Enite die Pferde dazu, sich *senfteclîchen* (3471) leiten zu lassen.

Vergleich mit Chrétien

Bei Hartmann bezeichnet Enite die Räuber als *ritter* (3186); und untereinander titulieren sie sich als *herren* (3202). Es sind jedoch keine ernst zu nehmenden Gegner: Sie sind schlecht bewaffnet und werden gleich mit dem ersten Lanzenstoß erledigt. Bei Chrétien ist das anders; da sind es wirklich Ritter, gut bewaffnet und erfahren im Kampf. Sie achten auch den ritterlichen Ehrenkodex, indem immer nur einer mit Erec kämpft (2822ff.). Das Kampfgeschehen wird bei Chrétien mit viel mehr Einzelheiten geschildert als bei Hartmann. Angesichts der zweiten Räuber-Gruppe tut Erec im französischen Text nur so, als ob er die Feinde nicht sähe, offensichtlich um festzustellen, wie Enide sich verhält (2957f., vgl. S. 118). Das hat Hartmann getilgt. Dafür hat Hartmann den inneren Konflikt Enites ausführlicher dargestellt. Bei Chrétien spricht Enide nicht über ihre Minderwertigkeit, sondern sie bedauert „die hochmütigen und schändlichen Worte" (3111), die sie in Karnant gesprochen habe und „um deretwillen sie diese Schmach erdulde" (3112). Der erste Räuber will bei Chrétien nur Enides Pferd, bei Hartmann Enite selbst.

Im Mittelpunkt steht bei Hartmann in dieser ersten *âventiure* Enites innerer Kampf, ihr Ringen um das richtige Verhalten. Warnt sie ihren Mann und bricht sein Redeverbot, so verliert sie ihr Leben; warnt sie ihn nicht, wird er von den Räubern erschlagen. In umfangreichen Kommentaren, die bei Chrétien kein Vorbild haben, beleuchtet Hartmanns Erzähler Enites innere Bewegung, ihren Zwiespalt zwischen Gehorsam und Sorge, und zeigt ihre bedingungslose Liebe zu Erec, die auch das eigene Leben nicht schont. Als die Triebkraft, die Enite leitet, benennt der Erzähler *ir triuwe* (3143), die Liebe zu ihrem Mann (*ir mannes liebe* 3144). Am Schluß der *âventiure* würdigt der deutsche Erzähler Enites Haltung gegenüber der ihr auferlegten Strafe: „Sie ertrug es unbeschwert, mit sanftem Sinn; dazu befähigte sie ihre Güte. Die edle Frau litt großen Kummer, aber in ihrem Herzen verwandelte sie das Leid in Freude, wie ihre Demut es ihr eingab" (3447–53). Hier sind alle Begriffe versammelt, die das Enite-Bild in Hartmanns Dichtung bestimmen: *lîden, swaere, grôzer kumber, leit, senftez gemüete, diemuot, güete.*

Die erste Grafen-*âventiure* (3475–4276)

Am Morgen des zweiten Tages erblickt Erec vor sich eine Stadt, über die sich ein Burgberg erhebt, wo ein mächtiger Graf seinen Sitz hat. Erec beschließt, in der Stadt Quartier zu nehmen und den Tag über auszuruhen. Auf dem Weg dahin begegnet ihnen ein Knappe des Grafen, der sie auf die Burg einlädt und der sein Frühstück mit ihnen teilt. Zum Dank schenkt Erec ihm eins der Pferde. Der Erzähler kommentiert: „Er hätte sie ihm alle geschenkt, wenn dadurch nicht Enites Leben erleichtert worden wäre. Um ihrer Beschwernis willen unterließ er es" (3576–79). In der Stadt empfängt sie der Graf und lädt sie in sein Haus ein. Erec nimmt lieber in einem Gasthof Quartier. Beim Essen muß Enite weit entfernt von Erec Platz nehmen. Unterdessen plant der Graf Böses; er will Enite in seinen Besitz bringen. Dazu begibt er sich in den Gasthof und sucht das Gespräch mit Enite. Als Enite sein Heiratsversprechen ablehnt, droht er mit Gewalt. Enite greift jetzt zu einer List: Sie will dem Grafen alle Wünsche erfüllen, bittet ihn nur, bis zum nächsten Morgen zu warten: dann sei Erec am leichtesten zu überwältigen. Der Graf ist einverstanden. Nachts muß Enite getrennt von Erec schlafen. Wieder vor der Wahl, Erecs Tod zu verschulden oder selber zu sterben, warnt sie ihn, bevor es Morgen wird. Erec bricht sofort auf und entlohnt den Wirt mit den sieben Pferden. Als der Graf mit seinen Leuten eintrifft und ihre Flucht bemerkt, macht er sich gleich auf die Verfolgung und holt die Flüchtigen bald ein. Da der Graf nur mit Schild und Lanze bewaffnet ist, wird er von Erec schnell besiegt und schwer verwundet. Sechs Ritter werden von Erec getötet, die übrigen fliehen und bringen den Grafen in die Stadt zurück. Erec droht Enite erneut schwere Strafen an, sollte sie das Redeverbot noch einmal verletzen.

Vergleich mit Chrétien

Bei Chrétien verbringen Erec und Enide die erste Nacht unter einem Baum. Am zweiten Tag begegnet ihnen gegen Mittag der Knappe des Grafen. Hartmann läßt die beiden die ganze Nacht durch reiten. Nur bei Chrétien wird der Knappe von zwei Dienern begleitet und führt alles mit sich, was man für ein höfisches Frühstück braucht: ein weißes Tischtuch, schöne Trinkschalen, guten Wein, fetten Käse und weißes Brot. Die meisten Einzelheiten hat Hartmann übergangen. Bei Chrétien besorgt der Knappe den beiden in der Stadt ein Quartier. Erst danach trifft er den Grafen und berichtet ihm von Erecs Schönheit und von Enide, „einer Dame, so schön, daß niemals eine Frau auch nur halb so schön war“ (3237–39). Hartmann hat den Ablauf verändert. Bei Chrétien erblickt der Graf Enide zum ersten Mal, als er zur Herberge kommt. Ihre Schönheit weckt seine Begierde und gibt ihm die bösen Pläne ein.

In ihrer Gegenlist findet die französische Enide drastische Worte: Sie fordert den Grafen auf, Erec „totzuschlagen“ (3385); und sie versichert dem Grafen, daß sie ihn „in meinem Bett spüren“ wolle, „Körper gegen Körper“ (3390–91). Das hat Hartmann abgeschwächt. Neu bei Hartmann ist Enites Lügengeschichte über Erecs geringeren Stand und die Herrschaftsposition ihres Vaters (3868ff.). Neu ist auch, daß Enite den Grafen Treue schwören läßt und ihm die Eidformel vorspricht (3900ff.). Ohne Vorbild bei Chrétien ist weiter Enites Versicherung, sie werde Erec in der Nacht sein Schwert wegnehmen (3925), damit der Graf ihn am Morgen um so leichter überwältigen könne. Neu ist außerdem, daß Enite die ganze Nacht mit sich ringt, ob sie Erec warnen soll, und daß sie gegen Morgen vor Erecs Bett niederkniet und so zu ihm spricht (3993ff.).

Die bedeutendste Abweichung findet sich am Schluß der *âventiure*. Bei Chrétien gelangt der Graf zur Einsicht seiner Schuld: „Ich habe unedel gehandelt. Mein gemeines Verhalten schmerzt mich; die Dame, die mich getäuscht hat, ist sehr tugendhaft, besonnen und höfisch. Ihre Schönheit hat mein Herz in Brand gesetzt; weil ich sie begehrte, wollte ich ihren Gatten töten und sie mit Gewalt bei mir behalten; mit Recht mußte daraus Unheil für mich entstehen, so wie es auch geschehen ist, weil ich unbesonnen und untreu und als ein verblendeter Verräter handelte“ (3630–41). Das hat Hartmann weggelassen.

Erec spielt in dieser *âventiure* eine untergeordnete Rolle. Im Mittelpunkt stehen Enite und der Graf. Es geht darum, wie Enite sich verhält, wenn ihr Mann ihr alle ehelichen Rechte verweigert und ein anderer Mann ihr ein besseres Leben verspricht. Enites Reaktion zeigt, daß die Ehe mit Erec für sie das höchste Gut ist, dem sie alle persönlichen Vorteile unterordnet. Zur Abwendung der ihrem Mann drohenden Gefahr setzt sie auch Mittel ein, die sonst als verwerflich gelten: Lüge, Verstellung und Betrug. Enite erweist sich im Gebrauch dieser Mittel als so geschickt, daß es ihr gelingt, den Grafen zu überlisten, ihre

Tugend zu bewahren und Erec vor dem Tod zu retten. Bei Hartmann beschleunigt Erec die Flucht *durch vorhte des wîbes* (4116), was übersetzt wird mit „aus Sorge um seine Frau“ (S. Held [Lit.verz. Nr. 3]). Wenn diese Übersetzung zutreffend ist, so zeigt sich hier zum ersten Mal, daß Erecs Haltung gegenüber Enite nicht nur durch Zorn (wegen des Bruchs des Redeverbots), sondern auch durch Fürsorge bestimmt ist. Bei Chrétien heißt es sogar, als Enide erneut das Redeverbot übertritt: „Da merkte Erec, daß sich seine Frau in ihrer Treue ihm gegenüber gut bewährte“ (3480–81).

An dem Grafen wird die korrumpierende Wirkung der Liebesleidenschaft gezeigt. Chrétien hat die Veränderung des Grafen als ein zeitlich befristetes Aussetzen der Verstandeskräfte beschrieben, das der Graf zuletzt aus eigener Kraft überwindet. Hartmann dagegen hat eine Wandlung vom Guten zum Bösen als Folge der fatalen Leidenschaft beschrieben. Der Graf war ein rechtschaffener Mann, bevor Enites Schönheit ihn betört hat. Diese Wandlung erinnert an die Veränderung, die Erec in Karnant erlebt hat.

Die erste Guivreiz-*âventiure* (4277–4629.5)

Erec und Enite gelangen in ein fremdes Land, in dem ihnen ein ritterlich gerüsteter Zwerg entgegenkommt, der sie erst freundlich begrüßt und dann Erec zum Kampf fordert. Erec reagiert ziemlich lustlos und weist den kleinen Ritter darauf hin, daß er seine *triuwe* verletze, wenn er ihm den Kampf ansage, nachdem er ihn begrüßt habe. Als der Zwerg ihn jedoch „um seiner schönen Frau willen“ (4376) beschwört, ist Erec zum Kampf bereit. Es wird ein schwerer Kampf, der den halben Tag dauert. Erec greift zu einer List, indem er sich nur mit seinem Schild gegen die Schläge des Gegners verteidigt und selbst sein Schwert nicht benutzt. So wird Erecs Schild kurz und klein geschlagen und Erec schließlich verwundet. Als Enite einen Schrei ausstößt, weil sie glaubt, Erecs Ende sei gekommen, streckt er den Gegner mit einem gewaltigen Schwertschlag nieder. Erec droht, ihm das Leben zu nehmen, woraufhin der Besiegte um Gnade bittet. Jetzt nennt er auch seinen Namen: er heißt Guivreiz und ist der König des Landes. Als auch Erec sich als Königssohn zu erkennen gibt, schließen sie Freundschaft und verbinden sich gegenseitig ihre Wunden. Enite wäscht und pflegt beide. Auf Guivreiz' Einladung begeben sie sich zu dessen nahe gelegenem *hûs* (4564), wo Erec aber nur eine Nacht verweilt, weil er sich keine Bequemlichkeit gönnen will. Am nächsten Morgen brechen sie auf.

Vergleich mit Chrétien

Bei Chrétien kommen Erec und Enide an einem hohen Turm vorbei. Der Herr des Turms erblickt sie von oben und ruft sofort nach seinen Waffen. Er reitet alleine hinaus, um Erec zu stellen. Hartmann hat den Turm weggelassen, ebenso auch die ausführlich beschriebene Wappnung Guivrets. Bei Chrétien folgt Guivret den beiden, und Enide wird vor Angst fast ohnmächtig, als sie den Hufschlag des Pferdes hört. Mit größerer Ausführlichkeit als auf den früheren Stationen der Fahrt schildert Chrétien hier Enides Verzweiflung, ihren inneren Kampf zwischen dem ehelichen Gehorsam und der Sorge um Erecs Leben. In einem großen Monolog (3725 ff.) ringt sie sich dazu durch, das Redeverbot zu brechen. Erec beantwortet ihre Warnung mit einer Drohung, die aber nicht ernstgemeint ist, „denn er merkte und erkannte genau, daß sie ihn über alles liebte, und er liebte sie auch so sehr, daß es stärker nicht sein konnte" (3753–55). Das alles hat im Ambraser „Erec" keine Entsprechung, wobei jedoch zu berücksichtigen ist, daß die Handschrift nach Vers 4317 eine Lücke aufweist. Aus Vers 4318 ff. ergibt sich, daß auch Hartmanns Enite ihren Mann gewarnt hat und daß Erec in ihrem Verhalten „ihre *triuwe* bestätigt fand" (4319). Man begreift nicht ganz, warum die Warnung notwendig war, denn bei Hartmann kommt Guivreiz ganz freundlich auf die beiden zu und begrüßt sie. Daß Erec erst zum Kampf bereit ist, als Guivreiz ihn „um seiner schönen Frau willen" (4376) beschwört, steht nur bei Hartmann.

Bei Chrétien kämpfen die beiden mit den Schwertern, bis Guivrets Schwert zerbricht (3809) und er wehrlos um Gnade bitten muß. Neu ist bei Hartmann Enites Schrei und ihr Zweifel an Erecs Sieg. Das Zerbrechen des Schwerts hat Hartmann getilgt. Die Einladung in Guivrets Haus lehnt der französische Erec ab und reitet gleich weiter. Enites aktive Rolle nach dem Kampf ist Hartmanns Zutat, ebenso die Übernachtung in Guivreiz' *hûs*.

Bei Chrétien ist der erste Guivret-Kampf eine wichtige Station in der Erprobung des Paares. Enides Ungehorsam liefert den Beweis für ihre Liebe, die danach nicht mehr in Frage gestellt wird. Für den französischen Erec ist der Sieg über Guivret eine Bestätigung seiner vorbildlichen Rittertüchtigkeit. Dazu gehört auch das Verhalten nach dem Kampf: Gnade mit dem wehrlos gewordenen Gegner und Freundschaft mit dem Standesgenossen, der sich an höfischer Gesinnung als gleichrangig erweist. Es wäre nicht überraschend, wenn die *âventiure*-Fahrt mit dieser Episode zu Ende wäre. Tatsächlich kehrt die Handlung danach zum Artushof zurück.

Bei Hartmann hat der erste Guivreiz-Kampf nicht dieselbe Bedeutung. Enites Liebe stand schon vorher außer Zweifel. Zum ersten Mal wird aber auch von Erecs Liebe gesprochen. Auf Enites verzweifelten Zuruf: „Ich fürchte, daß ich Euch verloren habe“ (4428), antwortet Erec: „Daran hätte ich noch mehr verloren“ (*wan dâ verlür ich mêre an* 4431). Das kann wohl nur heißen: Ich verlöre mehr an Euch, als wenn Ihr mich verlört. Enites Pflege der beiden verwundeten Gegner nach dem Kampf beleuchtet ihre aktive Rolle in der Paarbeziehung.

Merkwürdig ist die „List“ (4410), die Erec bei Hartmann im Kampf anwendet, indem er sich nur mit dem Schild verteidigt. Der Erzähler bemerkt: „die Absicht [die Erec damit verband] war jenem [= seinem Gegner] unbekannt“ (4412). Auch die Zuhörer dürften das nicht verstanden haben. Vielleicht wollte Erec seinen Gegner in Sicherheit wiegen; vielleicht war es aber nur Übermut; jedenfalls bringt ihn diese Taktik an den Rand einer Niederlage. Ebenfalls nicht ernstgemeint ist Erecs Drohung, den Gegner zu töten, der wehrlos am Boden liegt. Erec nimmt nicht einmal Guivreiz' *sicherheit* an, sondern begnügt sich mit dem Ruhm des Sieges.

Auf den ersten beiden Stationen der *âventiure*-Fahrt muß Erec seine Frau gegen böse Zudringlichkeiten beschützen und zugleich der Gefahr, die seinem Leben droht, entgegentreten. In beiden Fällen geht die Gefahr von der Heimtücke der Gegner aus: Die Räuber wollen Erec überfallen, und der Graf will ihn im Schlaf ermorden. In beiden Fällen verdankt Erec sein Leben seiner Frau: Sie warnt ihn rechtzeitig vor den Räubern, so daß Erec auf den Überfall vorbereitet ist; und sie offenbart ihm den heimtückischen Plan des Grafen. In beiden Fällen rettet ihn das Sprechen seiner Frau, zu dem sie sich trotz des Redeverbots durchringt (vgl. S. 116 f.).

Der Erzähler verweigert seinen Zuhörern in diesem Teil der Dichtung jeden Einblick in Erecs Gedanken und Emotionen (vgl. S. 135 f.). Daher erfahren wir nicht, ob die Herausforderungen auf den ersten Stationen der Fahrt Erecs Erwartungen und Wünschen entsprechen. Gereicht es Erec schon zu Ruhm, wenn er mit heimtückischen Räubern und einem hinterhältigen Grafen fertig wird?

Vor dem Kampf gegen Guivreiz wirkt Erec auffallend lustlos: Er will nicht kämpfen und wird erst durch den Appell, sich als Frauenritter zu zeigen, dazu bewogen. Wenn ein Ritter auf *âventiuren* auszieht, geht die Aggression in der Regel von ihm aus: Er sucht Gegner, gegen die er kämpfen kann. In der Guivreiz-*âventiure*, ebenso in der Räuber- und in der ersten Grafen-*âventiure* geht aber die Aggression von den Gegnern aus, nicht von Erec. In der Guivreiz-*âventiure* ist das besonders auffallend. Die Wunde, die Erec von Guivreiz empfängt, ist ein Zeichen seiner Beschädigung. Sie wird erst heilen, nachdem er zum zweiten Mal gegen Guivreiz gekämpft und die Bitterkeit einer Niederlage kennengelernt hat.

Für Enite ändern sich die Bedingungen während der ersten *âventiuren*. Die schweren Strafen und Entwürdigungen, die ihr Ehemann ihr auferlegt, sind am Anfang, in der Räuber-*âventiure*, am drückendsten. Da muß sie um ihr Leben fürchten und muß harte Knechtsdienste verrichten. Vom Pferdedienst wird sie bereits auf der zweiten Station der Fahrt befreit. Auch vom Vorausreiten ist dann nicht mehr die Rede; offenbar kommen Erec und Enite zusammen in der Stadt an, wo sie vom Grafen begrüßt werden. Zusammen fliehen sie auch. Die Trennung von Tisch und Bett ist nur in der Grafen-*âventiure* virulent und wird später nicht mehr erwähnt. Das Redeverbot, das am schwersten auf Enite lastet, ist in der ersten Guivreiz-*âventiure* zum letzten Mal in Kraft; und schon hier wird deutlich (bei Chrétien schon früher), daß Erec sich freut, wenn Enite das Verbot verletzt. Danach ist keine Rede mehr davon.

Der unfreiwillige Aufenthalt am Artushof (4629.6–5287)

Erec und Enite gelangen in einen *schoenen walt* (4629[8]), ohne zu wissen, daß König Artus ganz in der Nähe sein Lager aufgeschlagen hat. Keiin reitet gerade auf Gawans Pferd Wintwalite spazieren und trifft auf Erec, dem die Spuren des letzten Kampfes anzusehen sind. Keiin sieht eine Chance, sich vor der Hofgesellschaft aufzuspielen, wenn er den fremden Ritter in das Lager bringt und behauptet, ihn besiegt zu haben. In einem Exkurs (4633–64) erläutert der Erzähler Keiins zwiespältiges Wesen: Einerseits besitzt er *grôze triuwe* (4638), andererseits kann er böse und hinterhältig sein. Erec widersetzt sich Keiins Ansinnen zuerst freundlich, dann zornig. Als er bemerkt, daß Keiin keine Rüstung trägt, stößt er ihn mit dem stumpfen Lanzenschaft vom Pferd. Im Lager bekennt Keiin sein schmachvolles Erlebnis. Er hat Erec an seiner Stimme erkannt. Artus bittet Gawan und Keiin, Erec zu ihm zu bringen. Sie reiten hinaus, Gawan und Erec begrüßen und umarmen sich freundschaftlich. Die Einladung an den Hof lehnt Erec ab: Er sei *sô unhovebaere daz ich wol hoves enbaere* (5064–65). Durch eine List erreicht es Gawan, daß Erec beim Weiterreiten auf das Lager des Königs trifft. Erec und Enite werden mit großen Ehren empfangen. Ginover nimmt sich Enites an und bringt Erec ein Pflaster, das seine Wunde heilen soll. Famurgan, Artus' Schwester, habe es der Königin gegeben. In einem langen Exkurs (5133–5246) berichtet der Erzähler über Herkunft und Heilkraft des Pflasters. Erec spürt die gute Wirkung und glaubt sich geheilt. Am nächsten Morgen bricht er mit Enite auf.

Vergleich mit Chrétien

Bei Chrétien erkennt Erec Keu sofort und erkennt auch Gauvains Pferd, während Keu ihn nicht erkennt, was damit begründet wird, daß das Wappenzeichen auf Erecs Schild nicht mehr zu erkennen sei.

Enide zieht einen Schleier vor das Gesicht, um von Keu nicht erkannt zu werden. Bei Chrétien bringt Artus Erec das Pflaster, nicht Guenievre. Artus hat das Pflaster von seiner Schwester Morgue: Es muß täglich erneuert werden, damit es seine volle Heilkraft entfaltet. Auf die Einladung des Königs zu einem längeren Aufenthalt am Hof antwortet Erec nur: „Ich habe dieses Unternehmen begonnen, um keinen Preis würde ich bleiben" (4231–32).

Das Erzählerinteresse ist in dieser Episode ganz auf Erec gerichtet. Von Enite ist nur einmal kurz die Rede, als die Königin sich ihrer annimmt.

Der Grund, warum Erec sich weigert, den Hof zu besuchen, wird von ihm in aller Kürze benannt: „Ich habe jetzt alle Bequemlichkeit (*gemach*) aufgegeben" (4977–78). *gemach* war das Kennwort für Erecs Fehlverhalten in Karnant (vgl. S. 98). Erec hat das Ziel, das er sich mit der *âventiure*-Fahrt gesetzt hat, noch nicht erreicht.

Die bedeutendste Änderung, die Hartmann in dieser Episode vorgenommen hat, ist die Einfügung der beiden Exkurse, die bei Chrétien kein Vorbild haben. Bei Chrétien nennt Erec Keu „hochmütig" und „anmaßend" (4014), und der Erzähler nennt ihn „einen Menschen voll großer Niedertracht" (*hom plains de grant felenie* 4020). Die positive Seite von Keu und den Widerspruch in seinem Wesen gibt es nur bei Hartmann. Umgekehrt zeigt Chrétien von Morgue nur die gute Seite: Sie ist Artus' Schwester und sehr erfahren in der Heilkunst. Alles, was Hartmann von der Zauberin erzählt, stammt nicht von Chrétien.

In beiden Exkursen geht es um eine Gestalt, die in der Handlung eine untergeordnete Rolle spielt (Keiin) oder die überhaupt nicht auftritt (Famurgan). Inhaltlich gibt es keine Verbindung zwischen diesen beiden Gestalten. Doch was der Erzähler über sie berichtet, stimmt in auffälliger Weise überein. Keiin und Famurgan sind beide höchst widersprüchliche Wesen. Keiin ist geprägt von dem Gegensatz von Gut und Böse, von *triuwe* und *valsch*; er ist einerseits der tüchtige Truchseß des Königs, andererseits ein hinterhältiger Prahlhans. Famurgan ist einerseits die Schwester von König Artus und erfahren in der Heilkunst, andererseits ist sie eine böse Zauberin, die sich mit dem Teufel einläßt.

Was der Erzähler über sie berichtet, ist alles sehr merkwürdig. Sie sei eine Göttin (*ein gotinne* 5161), die große Wunder vollbringen könne. Im Handumdrehen könne sie sich von einem Ort zum anderen bewegen, ja sie könne im Nu die ganze Welt umrunden. Sie lebe in allen vier Elementen, auf der Erde, in der Luft, im Wasser und im Feuer. Sie sei imstande, Menschen in Vögel oder in wilde Tiere zu verwandeln und ihnen ihre menschliche Gestalt zurückzugeben. Alles, was sie tue, sei „ganz gegen Gott" gerichtet (*si lebete vaste wider gote* 5190): sie gebiete nicht nur über Vögel und wilde Tiere, sondern auch über „die bösen Geister, die Teufel genannt werden" (*die übeln geiste, die dâ tiuvel sint genant* 5195–96). Die Drachen seien ihr ebenso untertan wie die Fische im Wasser; sie habe Verwandte in der tiefsten Hölle, der Teufel sei *ir geselle* (5205). Von ihm bekomme sie alles, was sie wolle. Alles, was die Erde hervorbringe, stehe ihr zur Verfügung; sie kenne die Wirkung aller Kräuter. Seit dem Tod von Sibylle und der Zauberin Ericto, von der Lukan berichtet, daß sie Tote auferwecken konnte, habe es nie eine größere Meisterin (*nie bezzer meisterinne* 5229) gegeben. Aus allen Medizinbüchern (*arzâtbuochen* 5239) könne man nicht so wirksame Künste lernen wie die, die Famurgan „gegen Christus" ausübte (*die si wider Kriste uopte* 5241–42).

Im Zusammenhang der Erzählung steht dieser Exkurs über die widergöttliche Macht der Zauberin Famurgan ganz isoliert. Bereits in der nächsten *âventiure*, im Kampf gegen die Riesen, erweist es sich, daß das Pflaster keineswegs die wunderbare Heilkraft besitzt, die man nach dem Famurgan-Exkurs erwartet und die Erec im ersten Moment zu spüren glaubt: Seine Wunde platzt wieder auf, was ihn an den Rand des Todes bringt. Sollten die Zuhörer merken, daß alles nur Fabelei war, poetische Erfindung? Der einzige Gewährsmann, den der Erzähler im Famurgan-Exkurs nennt, ist ein Dichter, der römische Epiker Lucanus, dessen „Pharsalia" allen Gebildeten bekannt war. Auch Keiin war eine poetische, eine erfundene Gestalt. Vielleicht geht es in den beiden Exkursen um die poetische Darstellung von widersprüchlichen Menschen. Es könnte bei Hartmann letztlich um das Problem einer neuen Darstellung widersprüchlicher Menschen gehen, die im „Erec" verwirklicht ist.

Die zweite *âventiuren*-Reihe (5288–7807)

Die Riesen-*âventiure* (5288–6114)

Auf der Suche nach neuen Abenteuern hört Erec im Wald die klagende Stimme einer Frau. Enite soll dort auf ihn warten; er folgt der Stimme durch den Wald, bis er auf eine Frau trifft, die sich aus Schmerz und Kummer selbst Gewalt antut. Zwei Riesen haben ihren Mann gefangen und weggeschleppt. Erec will für ihn sein Leben wagen und folgt der Spur der Riesen. Die Riesen sind dabei, den nackten, gefesselten Mann auszupeitschen. Er ist blutüberströmt. Erec versucht, die Riesen in ein Gespräch zu verwickeln, um sie von dem Mann abzulenken. Als das nicht gelingt, greift er den einen mit der Lanze an, bohrt ihm das Eisen durch ein Auge und sticht ihn mit dem Schwert tot. Den Kolbenschlägen des zweiten Riesen weicht Erec geschickt aus. Er schlägt ihm erst ein Bein ab und dann den Kopf. Anschließend bringt er den Mann – er heißt Cadoc und war mit seiner Frau auf dem Weg nach Britannien, zum Artushof – zu seiner Frau zurück. Am Artushof soll er der Königin Erecs Dienstbereitschaft sagen. Erec kehrt nun zu Enite zurück. Seine Wunde aus dem Kampf gegen Guivreiz ist jedoch wieder aufgebrochen, und er ist so erschöpft, daß er beim Absteigen ohnmächtig zu Boden sinkt und wie tot liegenbleibt. Bei diesem Anblick bricht Enite in laute Klagen aus und klagt sich selber an, weil sie an Erecs Tod die Schuld trage: Wenn sie in Karnant nicht geredet hätte, hätte Erec die Abenteuerfahrt nicht unternommen. Sie will nicht mehr weiterleben und zieht zuletzt Erecs Schwert in der Absicht, sich hineinzustürzen und ihrem Leben gewaltsam ein Ende zu machen.

Vergleich mit Chrétien

Bei Chrétien beeilt Erec sich, zu Enide zurückzukehren, weil er befürchtet, sie könnte inzwischen geraubt werden, während Enide befürchtet, Erec könnte sie für immer verlassen. Das hat Hartmann übergangen. Bei Chrétien behandeln die Riesen Cadoc, „als wäre er bei einem Diebstahl gefangen" (4360). Der Grund ihrer Feindschaft bleibt auch bei Chrétien unklar. Den Lanzenstoß ins Auge hat Hartmann übernommen. Den anderen Riesen spaltet er bei Chrétien mit einem gewaltigen Schwertschlag in zwei Teile. Bei Chrétien soll Cadoc König Artus aufsuchen, der mit seinem Hof nur wenige Meilen entfernt auf der Jagd sei, und soll ihm von seiner Befreiung durch Erec erzählen. Daß Cadoc auf der Reise nach Britannien war, ist eine Neuerung Hartmanns. Bei Chrétien hilft Erec nach der Tötung der Riesen Cadoc dabei, sich anzukleiden und sich zurechtzumachen, bevor er ihn zu seiner Freundin (bei Hartmann sind sie ein Ehepaar) zurückführt. Das hat Hartmann übergangen.

Die wichtigste Veränderung ist die emotionale Ausgestaltung der Szene. Von Erecs Mitleid ist bei Chrétien höchstens andeutungsweise die Rede. Bei Hartmann ist es ein Hauptmotiv. Auch Cadocs Leiden und die Schmach, die ihm angetan wird, hat Hartmann stärker betont. Vor allem aber hat er den Schmerz und die Klage der beiden Frauen viel ausführlicher geschildert. Enides Klagerede am Schluß füllt bei Chrétien 52 Verse (mit mehreren Unterbrechungen durch den Erzähler); bei Hartmann ist sie siebenmal so lang. Schon im französischen Text gibt sich Enide die Schuld an Erecs vermeintlichem Tod: Er wäre noch am Leben, „hätte ich übermütige Törin nicht das Wort gesprochen, um dessentwillen er hierhin aufbrach" (4589–91). Daran knüpft Enide eine allgemeine Überlegung über den Wert des Schweigens und die Gefahr des Sprechens, was Hartmann übergangen hat.

Die Riesen-*âventiure* markiert einen Tiefpunkt für Erec und Enite. Zuletzt liegt Erec wie tot am Boden, und Enite ist dabei, Selbstmord zu begehen. Es ist jedoch nur ein scheinbares Ende: Erec ist nicht tot, und Enite wird daran gehindert, ihr Vorhaben auszuführen.

Der deutsche Erzähler hebt besonders hervor, daß Erec von Mitleid mit der klagenden Frau angerührt wird – er bricht fast in Tränen aus, als er zu ihr spricht (5337) –; und ebenso wird sein Herz von Schmerz bewegt, als er das Leiden des gequälten Cadoc mitansieht (5430f.). Mehrfach wird in dieser *âventiure* betont, daß der Mensch sein Handeln mit dem Willen Gottes in Übereinstimmung bringen soll (*ob got wil* 5527. 5637).

Enite hat an der Riesen-*âventiure* keinen Anteil. Sie bleibt alleine zurück; und als Erec wiederkommt, scheint die *âventiure* schon zu Ende zu sein. Es war das aber nur die erste Hälfte: Den gut 400 Versen bis zu diesem Punkt folgen bei Hartmann noch knapp 400 Verse, die nur von Enite erzählen. Es folgt ihre große Klagerede, die mit 287 Versen die längste Rede der ganzen Dichtung ist und ein Meisterwerk der Rhetorik. Gesteuert wird die Rede nicht von rationaler Argumentation, sondern von emotionaler Aufgewühltheit und von Verzweiflung, im ständigen Wechsel zwischen Gedankenrede, lautem Monolog und Anrede. Besonders kunstvoll sind die wechselnden Anreden ausgearbeitet, die sich schon bei Chrétien finden. Enite spricht zu Gott (*herre* 5775); sie ruft die wilden Tiere an (*ir tier* 5844), von denen sie gefressen werden möchte; sie spricht zu dem ohnmächtigen Erec (*lieber herre* 5875), redet den Tod an (*vil lieber Tôt* 5886, *vil übeler Tôt* 5915) und ihre Eltern (*ouwê liebiu muoter unde vater guoter* 5974–75); zwischendurch spricht sie immer wieder zu sich selbst. Der ständige Wechsel der Sprechrichtung ist ein Spiegel ihrer inneren Situation und ihrer vergeblichen Versuche, einen Ausweg aus ihrer scheinbar hoffnungslosen Lage zu finden.

Betrachtet man das Geschehen dieser *âventiure* aus der Distanz, dann wird die merkwürdige Figurenkonstellation in dieser Szene deutlich, vor allem die fast komische Doppelung der Frauen, die beide alleine im wilden Wald sitzen und so laut schreien, daß sie mit ihrer Stimme fremde Ritter anlocken. Cadocs Frau hat das Glück, daß Erec sie hört, der sie aus ihrer verzweifelten Lage erlöst. Enite hat das Pech, daß es der Graf Oringles ist, der ihre Stimme vernimmt. Er verhindert zwar ihren Selbstmord, fügt ihr dann aber (in der anschließenden *âventiure*) bitteres Leid zu, indem er sie so ähnlich behandelt, wie die Riesen Cadoc behandelt haben: Er schlägt sie blutig.

Die zweite Grafen-*âventiure* (6115–6813)

Zu Enites Rettung schickt Gott den Grafen Oringles dorthin, der Enites Selbstmord verhindert: *den hâte got dar zuo erkorn daz er si solde bewarn* (6123–24). Von Enites Schönheit geblendet, faßt Oringles sofort den Entschluß, Enite zu heiraten. Seine Ratgeber stimmen zu. Oringles tröstet Enite mit der Aussicht, in ihm einen neuen Ehemann zu finden. Enite lehnt ab und erklärt ihre Absicht, nach dem Tod ihres Mannes nicht wieder zu heiraten. Der Graf hält das für Frauengeschwätz, läßt Erec auf eine Totenbahre legen und kehrt mit beiden nach Limors, seinem Herrschaftssitz, zurück. Er ist von Enites Schönheit so verwirrt, daß er es nicht erwarten kann, daß Erec begraben wird, und will sich noch am selben Abend mit Enite trauen lassen. Obwohl seine Leute das für schändlich halten, schickt Oringles Boten an die kirchlichen Amtsträger, die der Eheschließung beiwohnen sollen. Bischöfe und Äbte kommen, und Enite wird ihm gegen ihren Willen angetraut. Danach findet ein Festmahl statt. Der Graf schickt zwei Kapläne zu Enite, die sich bei Erec aufhält, um sie zu Tisch zu laden. Da Enite auch auf eine zweite Einladung nicht reagiert, kommt Oringles selbst zu ihr. Sie schwört ihm, daß sie nach Erec nie einem anderen Mann gehören werde. Daraufhin zieht der Graf sie mit Gewalt an den Tisch. Dort verweigert sie die Teilnahme am Essen und beantwortet die Aufforderung des Grafen, ihr *tumbez klagen* (6491) zu unterlassen, mit dem Schwur, daß sie keinen Bissen mit ihm teilen werde. Da verliert Oringles die Beherrschung, beschimpft sie als *übel hût* (6524) und schlägt sie so ins Gesicht, daß sie blutet, was allen an der Tafel eine große Ungehörigkeit erscheint. Im Zorn verbittet sich der Graf jede Kritik an seinem Tun: Er sei keinem Menschen Rechenschaft darüber schuldig, wie er seine Ehefrau behandele. Damit bringt er alle zum Schweigen. Enite freut sich insgeheim über die Schläge und hofft, daß der Graf sie totschlagen werde, denn *si waere gerner tôt gewesen* (6558). Um das zu erreichen, erhebt Enite eine maßlose Klage und schreit *wider dem site* (6568). Als Oringles sie zum zweiten Mal auf den Mund schlägt, werden ihre Klageschreie so laut, daß Erec aus seiner todesähnlichen Ohnmacht erwacht. Er springt auf, ergreift ein Schwert, das an der Wand hängt, und erschlägt Oringles und zwei seiner Leute. Der ganze Hof flieht in wilder Angst aus dem Saal und aus der Stadt. Nur Enite freut sich, „den Toten zu sehen“ (*den tôten si vil gerne sach* 6684). Erec nimmt sie an der Hand, sucht seine Rüstung, wappnet sich und verläßt mit ihr zu Fuß die Stadt. Vor dem Tor begegnet ihnen ein Knappe, der Erecs Pferd zur Tränke geführt hatte.

Erec setzt Enite vor sich auf das Pferd: So reiten sie in die Nacht hinaus. Enite lenkt das Pferd auf den Weg, auf dem sie nach Limors gekommen waren. Unterwegs fragt Erec sie, was alles geschehen sei, solange er ohnmächtig war. Dann beendet Erec die schweren Prüfungen und Entbehrungen, die er seiner Frau „ohne Grund" (*âne sache* 6775) auferlegt hatte, und bittet sie um Verzeihung. Enite vergibt ihm. Mit Umarmungen und Küssen wird die eheliche Gemeinschaft wiederhergestellt.

Vergleich mit Chrétien

Die zweite Grafen-*âventiure* ist bei Hartmann mehr als doppelt so umfangreich wie bei Chrétien (699 Verse gegen 265 Verse), ohne daß am Handlungsverlauf viel verändert wäre. Die Schilderung der Qualen Enites und der Versuche des Grafen, sie von ihrer Klage um Erec abzubringen, nimmt bei Hartmann viel mehr Platz ein.

Daß Oringles von Enides Schönheit so betört wird, daß er sie sofort heiraten will, hat Hartmann übernommen. Die Besprechung mit seinen Leuten findet bei Chrétien erst in Limors statt. Im französischen Text läßt der Graf seinen Kaplan holen, der die Trauung vornimmt: „Mit Gewalt gaben sie sie mit ihm zusammen; sie weigerte sich nämlich entschieden, aber der Graf heiratete sie trotzdem, weil es ihm so gefiel" (4732–35). Beim anschließenden Essen wird Enide bei Chrétien gezwungen, mit dem Grafen an einem Tisch zu sitzen. Als sie sich weigert, mit ihm zu essen, schlägt der Graf sie ins Gesicht. Wie der Graf sich vor seinen Leuten rechtfertigt, hat Hartmann übernommen: „Die Dame ist mein, und ich bin der Ihre, darum werde ich mit ihr machen, was mir gefällt" (4800–01). Bei Chrétien ist es nicht Enides Schrei, sondern der laute Streit zwischen Enide und dem Grafen, der Erec aus seiner Ohnmacht weckt. Der französische Erec hat seine Waffen bei sich. Als er den Grafen totschlägt, glauben alle, der Teufel sei unter sie gefahren, und fliehen Hals über Kopf. Bei Chrétien trifft Erec den Knappen mit seinem Pferd gleich, als er den Palas verläßt, bei Hartmann erst vor der Stadt.

Die bedeutendste Veränderung hat Hartmann am Schluß der *âventiure* vorgenommen, bei der Versöhnung der Eheleute. Bei Chrétien erklärt Erec, daß er Enide auf die Probe gestellt habe und daß er sich überzeugt habe, „daß Ihr mich aufs vollkommenste liebt" (4887). „Wenn Ihr Böses von mir gesagt habt, dann vergebe ich Euch ganz und gar das Vergehen (*forfet*) und die Rede (*la parole*)" (4891–93). Bei Hartmann dagegen bittet Erec seine Frau um Vergebung, und sie verzeiht ihm. Im deutschen Text hat sich Erec überzeugt, daß er sie „ohne Grund" den schweren Entbehrungen ausgesetzt hat.

Für Enite bringt diese *âventiure* eine Fortsetzung der Qualen, die sie erleidet, seit Erec in totenähnliche Ohnmacht gefallen ist. Die plötzliche Veränderung ihrer Lage durch die ‚Hochzeit' mit Oringles nimmt sie nur so weit zur Kenntnis, als ihr das Gelegenheit gibt, ihre bedingungslose Liebesbindung an Erec auch über dessen Tod hinaus zu demonstrieren. Der Konflikt mit Oringles eröffnet ihr die willkommene Aussicht, doch noch, nachdem ihr Selbstmordversuch gescheitert ist, den Tod zu finden. Deswegen tut sie alles, den Konflikt zu verschärfen.

Graf Oringles ist nicht wirklich böse. Er hindert Enite, sich selbst Gewalt anzutun. Er will ihr ein besseres Leben bieten und übernimmt die Betreuung des Leichnams. Selbst die Heiratsabsicht ist nicht per se verwerflich. Im „Iwein" wird Hartmann von einer Frau erzählen, die eben noch trauernd hinter dem Sarg ihres Ehemanns geschritten ist und die sich wenig später bereit erklärt, den ‚Mörder' ihres Mannes, der in Liebe zu ihr entbrannt ist, zu heiraten. Daß Oringles die Regeln des höfischen Anstands verletzt und seine ‚Ehefrau' blutig schlägt, wird zwar getadelt; aber die Kritik verstummt, als der Graf auf seine Rechte als Ehemann pocht. Es ist schon lange aufgefallen, daß Oringles' ‚Eheauffassung' sich kaum von der Erecs unterscheidet, der ebenso niemandem Rechenschaft darüber gibt, was er seiner Frau antut.

Das Entscheidende passiert in dieser *âventiure* am Schluß. Der vom Tode auferstandene Erec hat sich gewandelt; er ist zu neuer Selbsterkenntnis fähig. Das erste Zeichen seiner neuen Handlung ist, daß er Enite vor sich aufs Pferd setzt und sich ihrer Weisung anvertraut. Wenn er Enite auffordert, zu ihm zu sprechen (6763 f.), bekräftigt er die Aufhebung des Redeverbots. Die Wandlung kommentiert der Erzähler: *dô endete sich zestunt diu swaere spaehe und diu vremde waehe* (6771–73), die Erec seiner Frau auferlegt hatte. Das ist eine merkwürdige Umschreibung für das, was Erec seiner Frau zugemutet hat.

waehe heißt eigentlich „Glanz", „Schönheit", dann auch „Ziererei", „Verstellung"; *spaehe* heißt „Klugheit", „Scharfsinnigkeit", hier wohl im Sinne von „Wunderlichkeit". Der Erzähler scheint sagen zu wollen, daß Erecs Behandlung seiner Frau etwas Seltsames, Wunderliches, sich dem Verstand Entziehendes gewesen sei (vgl. den Kommentar von M. G. Scholz [Lit.verz. Nr. 3], S. 870).

Mit der Versöhnung hat die *âventiure*-Fahrt einen Abschluß gefunden; Erec und Enite könnten nach Karnant zurückkehren (vgl. S. 76f.).

Die zweite Guivreiz-*âventiure* (6814–7807)

Ein Knappe aus Limors hat die Botschaft, was dort geschehen ist, zu König Guivreiz gebracht. Guivreiz bricht sofort mit zwanzig Rittern auf, um Erec davor zu bewahren, daß die Leute im Land ihn erschlagen. Im Wald trifft er bald auf Erec, erkennt ihn aber nicht. Obwohl Erec noch ganz kraftlos ist, macht er sich zum Kampf bereit. Er wird jedoch gleich beim ersten Anritt mit der Lanze vom Pferd geworfen und bleibt wehrlos am Boden liegen. Guivreiz nimmt ihm den Helm ab und will ihn töten. Da springt Enite herbei und wirft sich über Erec. Sie fleht den Gegner an, Erec zu schonen. Guivreiz erkennt sie an der Stimme und bedauert seinen Irrtum. Erec seinerseits beschuldigt sich der *tumpheit* und der Überheblichkeit, weil er dem König den Weg versperrt habe.

Sie übernachten auf einer Wiese. Zum ersten Mal schlafen Erec und Enite wieder zusammen. Am nächsten Morgen bringt Guivreiz sie nach Penefrec, seinem Jagdschloß, das mitten in einem See liegt. 71 Verse widmet Hartmann der Beschreibung der wunderbaren Anlage und der verschiedenen Einrichtungen zur Jagd. Dort soll Erec seine Wunden auskurieren. Zwei Schwestern des Königs sind seine Ärztinnen. Sie besitzen ein Stück von dem Pflaster der Zauberin Famurgan. Vierzehn Tage bleiben sie dort, bis Erec vollständig wiederhergestellt ist. Erec drängt auf einen Aufbruch, weil es ihn noch immer nach Ritterschaft verlangt. Zum Abschied bekommt Enite von den Schwestern des Königs einen wunderbaren Zelter geschenkt, dessen Beschreibung bei Hartmann 503 Verse füllen. In Begleitung von Guivreiz brechen sie auf, um zum Artushof zurückzukehren.

Vergleich mit Chrétien

Bei Chrétien wird das nächtliche Zusammentreffen Erecs mit Guivret anders begründet. Guivret hat die Nachricht erhalten (der Knappe, der sie aus Limors bringt, ist Hartmanns Neuerung), Erec sei tot und Enide werde mit Gewalt von dem Grafen von Limors festgehalten. Daraufhin beschließt Guivret, Enide zu befreien und Erec würdig zu bestatten. Mit einem Heer von tausend Rittern bricht er auf und trifft im Wald auf Erec. Bei Chrétien möchte sich Erec beim Anblick des Heeres verstecken, findet jedoch keinen geeigneten Platz. Er verbirgt Enide hinter einer Hecke und reitet dem Heer entgegen, trotz seiner Schwäche bereit, sich zu verteidigen, falls er angegriffen wird. An dieser Stelle kritisiert der französische Erzähler seinen Helden: „Jetzt wird Erec mehr als unüberlegt (*trop que fos*) handeln, wenn er sich nicht zu erkennen gibt" (4968–69). Das hat Hartmann auch übergangen. Erst den wortlosen Lanzenangriff des kleinen Königs, der Erec vom Pferd wirft, hat er übernommen. Hartmann hat auch übernommen, daß Enite hervorspringt, als Erec am Boden liegt. Bei Chrétien greift sie Guivret in die Zügel und beschimpft ihn, weil er einen kraftlosen Mann „zu Unrecht angegriffen" (4994) habe. Daß Guivreiz die Absicht hat, Erec zu töten, steht nur bei Hartmann. Neu ist bei Hartmann auch, daß Guivreiz Enite an ihrer Stimme erkennt. Bei Chrétien erkennt er sie erst, als Enide Erecs Namen nennt. Erecs Selbstbeschuldigungen sind Hartmanns Eigentum. Bei beiden Dichtern verbringen sie die Nacht im Wald, bei Chrétien mit viel mehr Einzelheiten über die Bettstatt, die für Erec bereitet wird, und über die Pasteten, die es zu essen gibt. Bei Hartmann liegt dagegen der Akzent darauf, daß die Trennung von Tisch und Bett jetzt aufgehoben ist. Die gemeinsame Nacht der Eheleute steht bei Chrétien erst am Ende des Aufenthalts bei Guivret, als Erec ganz genesen ist. Guivrets Schloß heißt bei Chrétien Pointurie; die lange Beschreibung mit dem Akzent auf den Jagdeinrichtungen ist Hartmanns Zutat. Dafür berichtet Chrétien ausführlicher über die Behandlung von Erecs Wunden durch Guivrets heilkundige Schwestern. Zuletzt läßt Guivret kostbare Gewänder für Erec und Enide anfertigen; das fehlt bei Hartmann. Nach 14 Tagen ist Erec wiederhergestellt und möchte in „sein Land" (*ma terre* 5219) zurückkehren. Gleichzeitig wird der Artushof als Ziel genannt, „in Carrois oder Carduel" (5234). Der wunderbare Zelter, den Erec zum Abschied von Guivrets Schwestern bekommt, wird bereits bei Chrétien ausführlich beschrieben. Hartmann hat die Beschreibung um ein Mehrfaches ausgeweitet.

Pointurie ist im französischen Text eine „feste Burg, die sehr gut und schön gelegen war" (5145–46). Hartmann hat der Lage der Burg Penefrec eine lange Beschreibung gewidmet (7124–94), die ganz neue Akzente setzt.

Penefrec ist ein Jagdschloß, das mitten in einem See liegt. Zwei Meilen tief ist das ganze Ufergebiet um den See von einer festen Mauer umgeben (die nach einer Berechnung von Hiltrud K. Knoll [Lit.verz. Nr. 164], S. 80), mehr als 18 Kilometer lang ist; vgl. auch den Kommentar von M. G. Scholz [Lit.verz. Nr. 3], S. 892ff.). Durch Quermauern ist das eingegrenzte Gebiet in drei Segmente gegliedert. Alles dient dem höfischen Jagdvergnügen: Im See kann man Fische fangen; der Wald um den See ist reich mit Wild bestückt, in einem Segment ist Schwarzwild, in einem Rotwild, im dritten Kleinwild. Alles Jagdgerät ist in Penefrec reichlich vorhanden. Das Wild wird auf Wunsch auf den See zugetrieben, so daß man von der Burg aus zusammen mit den Damen zuschauen kann, wie das Wild am Ufer von Hunden gehetzt wird.

Dieser lange Exkurs über Penefrec ist um so bemerkenswerter, als er keinerlei Beziehungen zur Handlung hat. Jagdmotive begegnen zwar im „Erec" an mehreren Stellen, aber bei Erecs und Enites Aufenthalt dort ist von der Jagd keine Rede. Welche Funktion der Exkurs in Hartmanns Dichtung hat und woher die Anregungen dazu kamen, ist weithin unklar.

Literarische Vorbilder für die Beschreibung der Jagdanlage sind nicht bekannt. Es ist nicht unwahrscheinlich, daß Hartmann von tatsächlichen Einrichtungen dieser Art oder von Beschreibungen solcher Einrichtungen inspiriert wurde. Rahewin berichtet in seiner Fortsetzung der „Gesta Frederici" von Otto von Freising (um 1160) über die Anlage der von Kaiser Friedrich I. in Kaiserslautern errichteten Pfalz: „In Kaiserslautern hat er eine Königspfalz aus roten Steinen errichtet und mit nicht geringerer Freigebigkeit ausgestattet. Denn auf der einen Seite hat er sie mit einer sehr starken Mauer umgeben, die andere Seite umspült ein seeähnlicher Fischteich, der zur Weide der Augen wie des Gaumens alle Delikatessen an Fisch und Geflügel enthält. Daran stößt ein Park, der einer Fülle von Hirschen und Rehen Nahrung bietet. Die königliche Pracht all dieser Dinge und ihre Menge, die größer ist, als daß man sie schildern könnte, erweckt das Staunen der Beschauer“ (Lit.verz. Nr. 146, S. 712).

Solche höfisch schön organisierten Jagden auf königlichem Forstgebiet waren Attribute eines vorbildlichen Herrschertums, bei Rahewin ebenso wie bei Hartmann. Diese höfische Jagd stand im Gegensatz zu der wilden Jagd, wie sie von manchen Herrschern, besonders von König Heinrich II. von England, geübt wurde und bei der regelmäßig weite Strecken fruchtbaren Landes zerstört wurden (vgl. Thomas Szabó: Die Kritik der Jagd – Von der Antike zum Mittelalter [Lit.verz. Nr. 176], bes. S. 197 ff.). Das gibt vielleicht einen Hinweis auf die Funktion des Exkurses, zusammen mit dem Stichwort *gemach*, das Hartmann bei der Ankunft in Penefrec zweimal verwendet: Guivreiz führt Erec und Enite nach Penefrec *ze bezzerm gemache* (7117), und sie werden dort *ze vollem gemache* (7120) bewirtet.

Das Wort *gemach* könnte sich an dieser Stelle auf die medizinische Betreuung beziehen, die Erec in Penefrec erfährt. Da aber unmittelbar nach dem doppelten *gemach* die Beschreibung der Jagdanlage beginnt, konnten die Zuhörer sich eingeladen fühlen, den *gemach* in der höfischen Jagd zu sehen.

gemach war das Kennwort für Erecs Versagen in Karnant (vgl. S. 98 f.). Um allem *gemach* zu entsagen, hat Erec die *âventiure*-Fahrt unternommen. Penefrec bietet ihm jetzt einen ganz anderen *gemach* als das schändliche *verligen* in Karnant. Die höfische Jagd ist eine gesellige Veranstaltung, während Erecs Fehler in Karnant gerade in der Isolierung von der Gesellschaft bestand (zum Gegensatz zwischen falscher Untätigkeit und Jagd vgl. Silvia Ranawake: Erec's *verligen* and the Sin of Sloth [Lit.verz. Nr. 85], S. 107). Erec ist allerdings noch nicht bereit, den *gemach* von Penefrec anzunehmen, wie er auch noch nicht bereit ist, Verantwortung als Herrscher zu übernehmen. Er drängt auf raschen Aufbruch, um weiter auf *âventiure* auszureiten und *âne allen gemach* (7247) und *âne obedach* (7246) in Wind und Wetter im Wald zu übernachten. Das entbehrungsreiche *âventiure*-Leben erscheint ihm geradezu als der schönste *gemach* (7251 ff.). Penefrec stünde dann für ein Ziel, das vorbildliche Herrschertum, das Erec erst zuletzt, in Karnant, erreicht.

Von noch größerer Bedeutung ist der zweite große Exkurs, der der zweiten Guivreiz-*âventiure* ihr besonderes Gepräge gibt. Dabei ist Hartmann über die Beschreibung des Zelters, den Enide von Givrets Schwestern bekommt, nicht nur im Umfang weit hinausgegangen. Die alle Proportionen sprengende Apotheose von Enites Pferd wirkt auf den ersten Blick verwirrend und könnte für eine Kapriole des bildungsbewußten Dichters gehalten werden. Die intensiven Bemühungen der Forschung (zuletzt Worstbrock [Lit.verz. Nr. 111], S. 20 ff.; Haupt [Lit.verz. Nr. 42], Wandhoff [Lit.verz. Nr. 105] u.a.) haben jedoch Bedeutungsebenen aufgedeckt, die ein neues Licht auf die künstlerische Gestaltung der ganzen Dichtung werfen. Dabei geht es einerseits um den Bedeutungszusammenhang der beschriebenen Gegenstände, andererseits um die poetologischen Akzente, die hier gesetzt werden. Dieser zweite Aspekt soll im Zusammenhang der Erzählergestaltung besprochen werden (vgl. S. 132 f.). Hier soll es zunächst um die Beschreibungsebene gehen.

Wie bei Chrétien zeichnet sich Enites Zelter bei Hartmann durch dreierlei aus: die Schönheit der Erscheinung, das Ebenmaß des Ganges und die Kostbarkeit des Reitzeugs. Die Schönheit der körperlichen Erscheinung zeigt sich vor allem in der wunderbaren Färbung des Fells. Was Chrétien vom Kopf sagt – daß er auf der einen Seite schwarz, auf der anderen Seite weiß sei und daß in der Mitte ein grüner Strich verlaufe –, hat Hartmann auf das ganze Pferd übertragen. Farben haben im Mittelalter fast immer neben der dinglichen eine übertragene Bedeutung (vgl. Christel Meier: The Colourful Middle Ages. Anthropological, Social, and Literary Dimensions of Colour Symbolism and Colour Hermeneutics [Lit.verz. Nr. 165]). Jede

Farbe konnte sehr verschiedene Bedeutungen haben. Weder Chrétien noch Hartmann hat einen Hinweis auf die Bedeutung der hier geschilderten Farbkombination gegeben; daher bleiben alle Deutungen, die man erprobt hat – so interessant sie sein mögen –, ohne Gewähr. Sicher ist, daß die Farben des Zelters seine vollkommene Schönheit darstellen sollen. Die Ruhe und Ebenmäßigkeit des Ganges ist zweifellos im Gegensatz zur Wildheit der Streitrösser konzipiert. Das Schwergewicht des Pferde-Exkurses liegt auf der Beschreibung des Reitzeugs und seines figürlichen Schmucks, der Hartmann 341 Verse gewidmet hat. Gerühmt wird die Kostbarkeit der verwendeten Materialien und die Meisterschaft der Anfertigung. Das Figurenprogramm hat Hartmann von Chrétien übernommen (die Geschichte von Äneas und Dido bis zu Äneas' Ende) und um neue Themenkreise erweitert: Auf dem Satteltuch sind die vier Elemente mit ihren Bewohnern vielfigurig dargestellt: die Erde mit Tieren und Menschen, das Wasser mit Fischen und „Meerwundern" (7613), die Luft mit Vögeln, das Feuer mit Drachen (7594 ff.). Außerdem sind darauf Jupiter und Juno auf ihrem himmlischen Thron zu sehen (7658 ff.). Auf dem Sattelkissen ist die traurige Liebesgeschichte von Pyramus und Tisbe dargestellt (7707 ff.). Man kann davon ausgehen, daß diese verschiedenen Bildkreise nicht ohne Absicht zusammengestellt worden sind. Eine Beziehung auf die Geschichte von Erec und Enite zeigt sich, bereits bei Chrétien, am deutlichsten in der Äneas-Darstellung, wenn man die Dido-Geschichte als Warnung vor falsch geleiteter Liebe liest. Heimo Reinitzer (Über Beispielfiguren im Erec [Lit.verz. Nr. 87]) hat alle Figuren auf dem Sattelzeug als „Zeichen für die katastrophale Wirkung der falschen Liebe" gedeutet (S. 624), insbesondere für das falsche Liebesverhalten der Frauen; Enites Pferd würde so „seine Reiterin vor der Verderben bringenden Liebe" warnen (S. 628), zugleich durch das Falschverhalten der männlichen Figuren eine „Mitschuld des Mannes" (S. 629) zur Darstellung bringen. So eindeutig ist der Zusammenhang der Bilder jedoch nicht. Die antiken Themenkreise können auch für einen wichtigen Bezirk des gelehrten Bildungsguts stehen und sich mit der Elementenlehre auf dem Satteltuch zusammen zu einem umfassenden Bildungsprogramm ergänzen. Dann könnte der Bilderschmuck von Enites Zelter den Bildungsanspruch des gelehrten Erzählers darstellen (vgl. S. 132).

Auf der Beschreibungsebene ist der Pferde-Exkurs eine Apotheose der vollkommenen Schönheit, gemeint als Attribut und Krönung von Enites Schönheit. Das schönste Pferd der schönsten Frau, wie es am Schluß des Exkurses ausgesprochen wird: Der Sattelschmuck war „viel schöner als irgendein anderes Reitzeug; denn er wurde wahrhaftig der schönsten Frau übergeben" (7761–64). Der Zelter repräsentiert eine Schönheit, in der sich die Schönheit der körperlichen Erscheinung mit der märchenhaften Schönheit und Pracht der höfischen Ausstattung verbindet sowie mit der Schönheit der Haltung und Bewegung und der Schönheit des Temperaments und der Gesinnung, die durch Gleichmaß, Ruhe und Sanftmut gekennzeichnet ist.

Die späteren *âventiuren* unterscheiden sich bedeutsam von den ersten. Zuerst ging es um die Abwehr von Bedrohungen von außen (Räuber-*âventiure*, 1. Grafen-*âventiure*) oder um ritterlichen Ruhm (1. Guivreiz-*âventiure*). In der zweiten Reihe gibt es nur noch einen richtigen Kampf (Riesen-*âventiure*), und der wird aus ganz anderen Motiven ausgefochten: Erec selbst sucht die *âventiure* auf, und sein Kampfmotiv ist Mitleid mit der leidenden Frau und dem gequälten adligen Mann. An der zweiten Grafen-*âventiure* nimmt Erec nur als Scheintoter teil; in der zweiten Guivreiz-*âventiure* ist er von vornherein kampfunfähig. Alle drei *âventiuren* haben dieselbe auffällige Form; der Akzent liegt jedes Mal auf dem Schluß: In der Riesen-*âventiure* ist es Enites große Klage; in der zweiten Grafen-*âventiure* die Versöhnung der Eheleute; in der zweiten Guivreiz-*âventiure* der große Pferde-Exkurs. Nicht mehr die Handlung steht im Mittelpunkt, sondern die Reflexion über die Handlung, die zu wichtigen Erkenntnissen führt. Die späteren *âventiuren* sind außerdem viel enger miteinander verknüpft. Zwischen der Riesen-*âventiure* und der *âventiure* in Limors ist überhaupt kein Einschnitt, auch kein Ortswechsel: Enites Selbstmordversuch gehört noch zur Riesen-*âventiure*, das Dazwischentreten von Oringles schon zur zweiten Grafen-*âventiure*. Auch Limors und Penefrec sind miteinander verklammert: durch den Knappen, der Guivreiz berichtet, was in Limors geschehen ist.

Joie de la curt (7808–9858)

Auf dem Weg zum Artushof kommen Erec, Enite und Guivreiz an eine Wegscheide und wählen aus Unkenntnis nicht den Weg nach Britanje, sondern den nach Brandigan. Brandigan ist eine mächtige Burg über der Stadt desselben Namens. Guivreiz' Warnung vor der Fortsetzung des Weges schlägt Erec aus und erfährt auf sein drängendes Fragen, daß in Brandigan eine *âventiure* zu bestehen ist, die Joie de la curt genannt wird und die schon vielen Rittern das Leben gekostet hat. Laut lachend (*vil sêre lachende* 8029) und voller Gottvertrauen ist Erec bereit, sein Leben zu wagen. In der Stadt herrscht Freude, die in Trauer und Klage umschlägt, als die Bewohner Erec und Enite erblicken, weil sie sicher sind, daß Erec das Leben verlieren wird. Auf der Burg werden sie ehrenvoll empfangen. Der Burgherr, König Ivreins, geleitet sie in einen kostbar ausgestalteten Saal, in dem sich achtzig schwarz gekleidete Damen von großer Schönheit aufhalten. Es sind die Witwen der Ritter, die in Joie de la curt ums Leben gekommen sind. Auf Erecs Drängen berichtet der König ihm, daß der Baumgarten bei der Burg der Ort der *âventiure* sei. Dort halte sich, zusammen mit seiner Freundin, ein Ritter auf, der die Ritter der Damen erschlagen habe.

Am nächsten Morgen wird Erec von Enite und den Königen Ivreins und Guivreiz zum Baumgarten geleitet. Der Garten ist von einer magischen Wolke umgeben, die nur an einer Stelle einen Eintritt erlaubt. Drinnen finden sie eine paradiesische Natur: Die Bäume blühen und tragen gleichzeitig Früchte, die Blumen duften und die Vögel erheben ihren lieblichen Gesang. Auf einem Kreis von Pfählen sind die Köpfe der Ritter aufgepflanzt, die der Herr des Gartens erschlagen hat. Bei diesem Anblick fällt Enite in Ohnmacht. Dann muß Erec alleine weiterreiten. Er findet unter einem wunderbar geschmückten Zelt eine schöne Dame, die ihm seinen Tod ankündigt. Der Herr des Gartens ist ein „mordgieriger“ (*mordic* 9023) Riese, ganz in Rot, der Erec mit Schimpfreden empfängt. Dann beginnt der Kampf. Als die Lanzen von beiden zersplittern, geht der Kampf mit den Schwertern weiter, der von morgens bis nachmittags dauert und von beiden Seiten mit großer Erbitterung geführt wird. Der Rote bringt Erec mit einem gewaltigen Schlag zum Straucheln; dabei zerbricht jedoch sein Schwert. Erec schlägt auf ihn ein, aber auch sein Schwert zerbricht. Darauf folgt ein Ringkampf, in dem Erec schließlich Sieger bleibt. Der Besiegte leistet Erec *sicherheit* und nennt seinen Namen: Mabonagrin. Sie helfen sich gegenseitig aus den Rüstungen und begraben die Feindschaft. Erec möchte wissen, warum Mabonagrin und seine Freundin alleine in dem Garten leben. Mabonagrin berichtet, daß er seine Freundin bereits als Kind kennengelernt habe. Er habe sie entführt und habe ihr versprochen, sich ihrem Willen zu unterwerfen. Sie habe ihn verpflichtet, alleine mit ihr in dem Garten zu leben, bis er besiegt werde. Nun habe Erec ihn erlöst. Er habe durch seinen Sieg dem Hof von Brandigan und dem ganzen Land die *vreude* wiedergegeben. Erec wird als der allerbeste Ritter (*aller ritter êre* 9674) gefeiert. Enite erfährt im Gespräch mit Mabonagrins Freundin, daß sie beide über Herzog Imain verwandt sind. Die Köpfe der getöteten Ritter werden beerdigt. Am Hof wird ein vierwöchiges Fest veranstaltet, das die Wiedergewinnung der Hofes-*vreude* feiert. Nur Erec und Enite nehmen keinen Anteil an der *vreude*, da beide von Mitleid mit den trauernden Witwen bewegt werden. Erec beschließt, die Damen an den Artushof zu führen, um sie einem Leben in *vreude* wiederzugeben. Mit ihrem Aufbruch endet das Fest.

Vergleich mit Chrétien

Bei Chrétien führt der Weg zum Artushof an Brandigant vorbei. Der Scheideweg ist eine Neuerung Hartmanns. Von Chrétien übernommen hat Hartmann Erecs Beharren darauf, gegen alle Warnungen in Brandigan das Abenteuer zu bestehen. Die 80 Witwen am Hof König Ivreins' gibt es bei Chrétien nicht. Der König rüstet Erec mit neuen Waffen aus; das fehlt bei Hartmann. Die Schilderung der allgemeinen Trauer über Erecs sicheren Tod hat Hartmann übernommen, ebenso die magische Eingrenzung des Gartens. Bei Chrétien weiß Erec, als er den Garten betritt, noch nicht, was ihn dort erwartet, während er bei Hartmann von König Ivreins darüber informiert worden ist. Die Köpfe auf den Pfählen stammen von Chrétien. Im französischen „Erec“ trifft

Erec im Garten ein schönes Mädchen, das auf einem silbernen Bett sitzt. Mabonagrain ist schon im französischen Text ein Riese in roter Rüstung, der Erec beschimpft, weil er sich der Dame genähert habe. Bei Chrétien stürzen die Pferde nach dem zweiten Anritt zu Boden. So wird der Übergang zum Schwertkampf motiviert, der bei Chrétien so lange dauert, bis beide Kämpfer vollkommen erschöpft sind. Das Zerbrechen der beiden Schwerter ist eine Neuerung Hartmanns. Den Ausgang des Ringkampfs hat Hartmann übernommen. Übergangen hat Hartmann, daß Mabonagrain am Hof König Lacs in Carnant aufgewachsen ist. Die Entführung der Freundin gibt es nur bei Hartmann. Bei Chrétien sagt Mabonagrain, seine Freundin habe ihn im Garten „im Gefängnis gehalten" (*tenir en prison* 6047). Endlich sei er frei, „und weil darüber alle, die an den Hof kommen, Freude bezeigen werden, nannten diejenigen, die diese Freude erwarten, sie die Joie-de-la-Cour" (6071–74). Neu sind bei Hartmann die belehrenden Reden Erecs, in denen er Mabonagrins Verhalten tadelt und seine eigene Haltung erläutert (9406ff.). Große Freude herrscht bei Chrétien im ganzen Land, „und die Damen erfanden einen Lai, den sie den Lai de Joie nannten" (6135–36). Das fehlt bei Hartmann. Bei Chrétien hat nur Mabonagrains Freundin keinen Anteil an der allgemeinen Freude: Sie trauert, weil ihr Freund sie nun verläßt. Sie wird erst wieder fröhlich, als sie entdeckt, daß Enide ihre Cousine ist. Bei Chrétien erzählt die Cousine Enide ihre ganze Geschichte. Das hat Hartmann übergangen. Das Motiv der isolierenden Trauer hat er von Mabonagrins Freundin auf Erec und Enite übertragen. Bei Chrétien dauert das Freudenfest drei Tage. Dann brechen Erec und Enide auf.

Joie de la curt füllt bei Chrétien gut 1000 Verse (5319–6358), bei Hartmann gut 2000, ohne daß am Handlungsablauf viel verändert wäre. Alleine für den Kampf zwischen Erec und Mabonagrin und ihr anschließendes Gespräch brauchte Hartmann fast 600 Verse gegenüber 200 Versen bei Chrétien. Die bedeutendste inhaltliche Neuerung Hartmanns ist die Einführung der achtzig Witwen. Damit rückt Hartmann das Mitleidsmotiv in den Mittelpunkt, das bei Chrétien keine Rolle spielt. Das führt bei Hartmann zu der paradoxen Situation, daß Erec und Enite an der „Freude des Hofes", die Erec dem Königshof in Brandigan wiedergibt, als einzige keinen Anteil nehmen. Vor dem Kampf ist umgekehrt Erec der einzige, der durch sein fröhliches Singen und durch seine Reden unbekümmerte Zuversicht ausstrahlt, während alle anderen über seinen zu erwartenden Tod trauern.

Was Joie de la curt bei Chrétien von allen anderen *âventiuren* unterscheidet, ist aus dem Namen zu erkennen. Im französischen Text wird diese *âventiure* mehrmals verkürzend „die Joie" genannt, und Erecs Verlangen nach „der Joie" wird als die eigentliche Triebfeder seines Handelns bezeichnet: „Nichts wäre imstande, mich davon zurückzuhalten, daß ich die Joie suchen ginge" (5424–25). Es geht in dieser *âventiure* darum, „die Joie" zu finden, wobei *joie* das bezeichnet, was der höfischen Gesellschaft ihren Wert und ihre besondere Dignität verleiht, einen Zustand der Erhöhung und Überhöhung ins heiter Ideale. Die Wiederherstellung der Hofesfreude scheint ein Unternehmen zu sein, das menschliche Kraft übersteigt, das von allen für aussichtslos und unerreichbar gehalten wird und das allen, die es versucht haben, den Tod gebracht hat. Daß Erec das Unglaubliche leistet, macht ihn zugleich zum Befreier und Erlöser aus dem Bann eines bösen Zwangs. Vielleicht erklären sich daraus auch die märchenhaft-magischen Motive in Joie de la curt, die diese *âventiure* ebenfalls von allen anderen unterscheidet. Volker Mertens hat in bezug auf Chrétiens „Erec" von einer „Überhöhung ins Mythische" gesprochen: „Die ‚mythische Stimme' der Partitur erscheint als Ergänzung und Überhöhung der Zeichnung von Detailrealismen sachlicher, juristischer und gesellschaftlicher Art und der Projektionen von Momenten realer Lebensformen des Adels" (Lit.verz. Nr. 167, S. 39).

Auch im deutschen Text besteht Erecs besondere Leistung in der Befreier- und Erlöserrolle, die Erec zuletzt erreicht. Motiviert wird diese neue Qualität bei Hartmann jedoch mit der Mitleidsfähigkeit des Helden, die jetzt ebenso Enite auszeichnet und die sich im Erbarmen mit den achtzig Witwen manifestiert. Bei Hartmann steht Joie de la curt nicht für das höchste Ziel, sondern ist nur Durchgangsstation auf dem Weg zum Ziel, zum Artushof und nach Karnant.

Joie de la curt ist die einzige *âventiure* im „Erec", die einen Namen hat. Der Name wird auf Französisch und auf Deutsch angegeben (8002ff.), und sowohl Mabonagrin als auch der Erzähler erläutern diesen Namen in dem Sinn, daß durch die Einrichtung der *âventiure* die *vreude* des Hofes verlorenging und daß sie durch den, der die *âventiure* besteht, wiederhergestellt werden kann. Die verdeutschte Form des Namens (*des hoves vreude* 8006) enthält eine Anspielung auf das *verligen* in Karnant, wo es hieß, daß der Hof in Karnant durch Erecs Verhalten alle *vreude* einbüßte (*der hof wart aller vreuden bar* 2989). Erecs Verhalten am Anfang und Mabonagrins Verhalten haben dieselbe fatale Wirkung. In beiden Fällen geht es um das Liebesverhalten eines Paares. In Joie de la curt unterwirft sich der Mann feierlich und bedingungslos dem Willen der Frau. Davon ist in Karnant keine Rede; aber indem Erec sein Verhalten vollständig auf Enite hin orientiert, hat das dieselbe Wirkung wie die Ausschaltung des eigenen Willens in Joie de la curt: Das Paar isoliert sich und vernachlässigt alle gesellschaftlichen Rücksichten und Verpflichtungen, was dazu führt, daß das Hofleben verkümmert. Deswegen müssen Erec und Enite ihre Paarbeziehung auf eine neue Grundlage stellen. Das haben sie zum Zeitpunkt, als Erec Joie de la curt besteht, bereits geleistet. Mabonagrin und seine Freundin dagegen finden nicht alleine aus dem Dilemma ihres falschen Liebesverhaltens heraus: Sie müssen von Erec gewaltsam, durch Kampf, daraus befreit werden. Der Unterwerfung Mabonagrins unter den Willen seiner Freundin stellt Erec die Unterwerfung unter den Willen Gottes gegenüber: *‚irn sprechet niht: ob got wil‘* (9047). Der Grausamkeit des „Teufels" Mabonagrin, der unfähig ist zum Erbarmen (*der vil michel vâlant in kunde niht erbarmen* 9197–98), wird die gottergebene Mitleidshaltung Erecs gegenübergestellt (*Êrec erbarmte sich* 9385).

Der Schluß: Artushof und Karnant (9859–10135)

Artushof (9859–10001)

Am Artushof erregt die Ankunft Erecs mit den achtzig Witwen großen Jubel. Man bestaunt die schönen Damen und läßt sich von Erec ihre Geschichte erzählen. Erec selbst wird die höchste Ehrung zuteil: Niemals zuvor habe ein Ritter solche Großtaten vollbracht. Die Königin nimmt sich der Damen an. Artus dankt Erec dafür, daß er durch die Zuführung der Witwen „die Freude unseres Hofes" (*unsers hoves wünne* 9948) gemehrt habe. Am Artushof „wurden die traurigen Frauen dazu gebracht, daß sich ihr Sinn und ihr Leben in Freude verwandelte" (9954–56). Zum Zeichen der Wandlung legen sie die Trauerkleidung ab und werden von Artus in Gold und Seide gekleidet. Als Erec die Nachricht erhält, daß sein Vater gestorben ist, nimmt er Abschied und bricht nach Karnant auf, während Guivreiz in sein Königreich zurückkehrt.

Vergleich mit Chrétien

Bei Chrétien nehmen Erec, Enide und Guivret in Tintagel Quartier, wo König Artus Hof hält. Artus befindet sich gerade in einer unangenehmen Situation. Er hat zur Ader gelassen und bedauert es, daß nur so wenige Leute an seinem Hof sind (es sind immerhin 500). Um so erfreuter ist er über Erecs Ankunft. Das hat Hartmann alles übergangen. Übernommen hat er den ehrenvollen Empfang. Nur bei Chrétien berichtet Erec dem König ausführlich über die Abenteuer, die er erlebt hat und die der Erzähler noch einmal kurz resümiert. Artus bittet Erec, am Hof zu bleiben; Erec ist bereit, drei bis vier Jahre zu bleiben. Auch das hat Hartmann übergangen. Bei ihm wird der Empfang am Artushof in einem Satz abgemacht. Bei Hartmann steht die Rückführung der achtzig Witwen in die *vreude* im Mittelpunkt, die bei Chrétien fehlt. Den Höhepunkt der letzten Artus-Szene bei Chrétien, die Krönung Erecs, hat Hartmann nach Karnant verlegt. Beide Texte treffen erst wieder zusammen, als Erec die Nachricht erhält, daß sein Vater gestorben ist. Chrétien berichtet, daß Erec seinen Schmerz vor den Boten aus Karnant verbirgt, weil es „einem König nicht angemessen wäre" (6468), Emotionen zu zeigen. Er läßt in Tintagel Vigilien und Messen für seinen Vater lesen, beschenkt die Kirchen, kleidet „mehr als 169 Arme“ (6476f.) und beschenkt Priester und arme Kleriker mit schwarzen Mänteln und Pelzen. Das hat Hartmann alles übergangen. Im deutschen Text bricht Erec sofort auf.

In keiner anderen Partie der Dichtung hat sich Hartmann so weit von seiner französischen Vorlage entfernt wie am Schluß. Die bedeutsamste Veränderung betrifft die Orte, an denen die Handlung spielt. Bei Chrétien endet der „Erec“ am Artushof in Nantes, bei Hartmann in Karnant. Bei Chrétien gehörte es offenbar zur *conjointure*, daß die Handlung am Artushof beginnt und am Artushof endet. Die Hoffeste am Anfang und am Schluß gaben Gelegenheit, die neue Gesellschaftsidee, die durch die Partizipation der Damen gekennzeichnet ist, zur Darstellung zu bringen.

Hartmann hat diese epische Konzeption seiner Vorlage insoweit respektiert, als auch in der deutschen Dichtung der Held nach dem Ende seiner Abenteuerfahrt an den Artushof zurückkehrt. Allerdings werden die epischen Gewichte durch die Anfügung der Schlußszene in Karnant und die Versetzung von Erecs Krönung dorthin entscheidend verschoben. Bei Hartmann ist nicht mehr der Artushof das Ziel, sondern die Herrschaft in Karnant.

Die Artusszene hat bei Hartmann durch die Konzentration auf das Motiv der achtzig Witwen ein neues Gesicht bekommen. Im deutschen Text wird die Integrationskraft des Artushofs gezeigt, daß es gelingt, Trauer in *vreude* zu verwandeln und damit eine höfische Harmonie der Gesellschaft zu sichern. Der Weg von Erec und Enite führt bei Hartmann noch darüber hinaus: bis zu einem Leben, dem die ewige Seligkeit sicher ist.

Karnant (10002–10135)

6000 Ritter aus Karnant ziehen ihrem neuen König drei Tagesreisen weit entgegen und bereiten ihm einen großen Empfang. In hohen Ehren wird er nach Karnant geleitet und feierlich gekrönt. Sechs Wochen dauert das Krönungsfest. In der Folge übt Erec mit Gottes Hilfe eine segensreiche Herrschaft aus. Er sichert den Frieden und sorgt für eine gute Ordnung im Land. Sein ganzes Leben lang hält dieser Segen an. Auch für Enite hat sich das Leben zum Guten gewendet; sie lebt fortan in hohen Ehren. Zu ihrer Freude läßt Erec ihre Eltern an den Hof in Karnant kommen. Erec ist seiner Frau ergeben, nicht so wie früher, sondern so, wie es richtig ist (10119ff.). Gott belohnt die beiden, indem er ihnen nach dem Tod das ewige Leben schenkt.

Vergleich mit Chrétien

Bei Chrétien fehlt die ganze Schlußszene in Karnant. Vergleichen kann man nur die Motive, die Hartmann vom Artushof nach Karnant verschoben hat. Das ist einmal die Einladung von Enites Eltern und Erecs Krönung. Bei Chrétien werden Enides Eltern von Erec bereits zum Krönungsfest nach Nantes eingeladen. Enides Vater tritt jetzt „als ein mächtiger Mann“ (6517) mit großem Gefolge auf. Ihr Empfang in Nantes wird ausführlich geschildert: Erec stellt dem König seine Schwiegereltern vor. Hartmann hat die Einladung auf eine unbestimmte spätere Zeit verschoben und hat der Sache nur drei Verse gewidmet (10116–18), während Chrétien in über sechzig Versen von Enides Eltern erzählt.

Der Krönung Erecs, die von Hartmann in zwei Versen abgemacht wird (10064–65), füllt bei Chrétien fast 250 Verse (6585–6825). Im französischen Text tut Erec in Tintagel „etwas sehr Vernünftiges“ (6486): Er nimmt sein Land von König Artus zu Lehen und bittet den König, ihn zu krönen. Zum Krönungsfest zieht der ganze Hof nach Nantes, wo Erec am Weihnachtstag gekrönt wird. Artus hat alle Vasallen und viele Damen dazu eingeladen. Die Krönungsfeierlichkeiten beginnen damit, daß Artus am Abend vor dem Weihnachtstag 400 Knappen „oder mehr“ (6600) zu Rittern macht. Jeder erhält drei Pferde und drei Gewänder vom König. „Die Mäntel waren zur Auswahl in allen Sälen ausgebreitet; alle waren aus den Koffern geholt und dort einfach hingeworfen; wer wollte, griff danach, ohne daß jemand widersprach“ (6624–27). Auf dem Boden liegen zwanzig Scheffel Silber-Sterlinge, von denen jeder nehmen kann, soviel er will. Am Weihnachtstag findet dann die Krönung statt. Im Saal werden zwei Stühle aus Gold und Elfenbein aufgestellt, auf denen Artus und Erec Platz nehmen. Erecs Krönungsmantel ist von Feen gefertigt und mit Bildern geschmückt, die die vier Fächer des Quadrivium allegorisch darstellen: Geometrie, Arithmetik, Musik und Astronomie. Der Mantel ist mit Fellen von Barbioleten gefüttert. Das sind indische Wundertiere mit hellen Köpfen und schwarzen Körpern, die einen roten Rücken haben und einen blauen Schwanz. In Begleitung von drei Königen und tausend Rittern betritt Enide den Saal. Sie nimmt neben Erec Platz. Artus läßt zwei Kronen aus seinem Königsschatz holen, jede mit vier Karfunkelsteinen. Von dem Glanz sind alle im Saal geblendet. Geistliche salben den neuen König; der Bischof von Nantes nimmt die Königsweihe vor und krönt Erec. Artus läßt ein kostbares Zepter holen, das er Erec in den Arm legt. Anschließend wird Enide gekrönt. Danach findet eine Messe statt; dann begibt man sich zum Schloß zurück, wo ein großes Festmahl stattfindet. In fünf Sälen sind 500 Tische aufgestellt; an jedem haben 100 Ritter Platz. 1000 Ritter tragen die Speisen auf; 1000 schenken den Wein aus. Damit endet die Dichtung. Das alles hat Hartmann übergangen.

Das Motiv der Freude des Hofes beherrscht bei Hartmann die ganze Schlußpartie des „Erec“. Wir sollen seine Darstellung wohl so verstehen, daß die höchste *vreude* in drei Schritten erreicht wird. In Brandigan wird die *vreude* ausgelöst durch den Sieg über Mabonagrin. Am Artushof ist es das tätige Mitleid, das die Erlösung der achtzig Witwen und ihre Wandlung zur *vreude* bewirkt. In Karnant schließlich wird die höchste *vreude* in der Friedensherrschaft unter Gottes Segen und der Aussicht auf die ewige Seligkeit erreicht. Daß dies einer „‚Relativierung‘ der Idealität des Artushofs“ gleichkommt, hat zuletzt Uwe Ruberg betont (Die Königskrönung Erecs bei Chrétien und Hartmann im Kontext arthurischer Erzählschlüsse [Lit.verz. Nr. 89], S. 79).

Die Schlußszene in Karnant kann so verstanden werden, daß Erec zuletzt eine neue Dimension des Rittertums repräsentiert, für die nicht mehr ritterlicher Ruhm und ritterliche Vorbildlichkeit der höchste erreichbare Wert ist, sondern die Aussicht auf die ewige Seligkeit. Man darf allerdings nicht übersehen, daß auch bei Chrétien in der Schlußszene religiöse Motive eine Rolle spielen, wenn auch in ganz anderer Weise als bei Hartmann. Bei Chrétien bezeugt Erec in der Trauer über den Tod seines Vaters seine Frömmigkeit durch Stiftungen für Kirchen und Klöster und in Werken der Barmherzigkeit.

Es ist nicht leicht zu begreifen, warum Hartmann die großartige Apotheose des Helden in der Krönungszeremonie von Nantes mit der Beschreibung des Krönungsmantels und seines Bildschmucks übergangen hat. Bei Chrétien können die Krönungsinsignien – Krone, Mantel und Zepter – als Bedeutungsträger gelesen werden, die nicht nur die Herrscherfähigkeit Erecs anzeigen, sondern geradezu als Summe der ganzen Dichtung verstanden werden können. Das in den allegorischen Bildern der vier höheren Wissenschaften dargestellte Bildungsprogramm steht sicherlich für den Gedanken, daß Herrscheramt und höhere Bildung in enger Verbindung stehen.

In den französischen Fürstenspiegeln der Zeit spielt der Anspruch, daß ein vorbildlicher Herrscher gebildet sein sollte, eine zentrale Rolle. Der Satz: „Ein ungebildeter König ist ein gekrönter Esel" wurde gerne zitiert.

In der Geschichte von Erec und Enide spielt der Bildungsgedanke keine Rolle, wohl aber in der neuen Poetik des Romans, wie sie im Prolog zu „Érec et Énide" formuliert ist.

Mehr als in allen anderen Partien der Dichtung tritt bei Chrétien hier der Erzähler als „Ich" hervor, der das Gespräch mit dem Publikum sucht und der Rechenschaft über seine Arbeit an der Dichtung gibt. Das gilt besonders für den Macrobius-Exkurs (6674–81), der in die Mantel-Beschreibung eingelegt ist und der mit den Worten endet: „Macrobius lehrte mich, die Arbeit des Stoffs und die Bilddarstellung zu beschreiben, wie ich sie in dem Buch gefunden habe" (6679–81). Was damit genau gemeint ist und wie insbesondere das Wort *descrivre* (6679) zu verstehen ist, ist in der romanistischen Forschung wiederholt diskutiert worden (vgl. vor allem Douglas Kelly: The Conspiracy of Allusion. Description, Rewriting, and Authorship from Macrobius to

Medieval Romance [Lit.verz. Nr. 162], S. 36 ff.). Offenbar wird hier am Schluß des französischen „Erec“ ein zentraler Gedanke der neuen Roman-Poetik ausgesprochen. Das hat zuletzt Volker Mertens herausgearbeitet (Der deutsche Artusroman [Lit.verz. Nr. 167], S. 41 f.), der Erecs Krönungsmantel geradezu als „Symbol des Werks selbst“ interpretiert. Wenn man bedenkt, welche große Rolle der Bildungsanspruch des Dichters bei Hartmann von Aue in den Prologen zum „Armen Heinrich“ und zum „Iwein“ spielt, erscheint es um so verwunderlicher, daß Hartmann diesen Aspekt des „Erec“-Schlusses ganz übergangen hat.

Auffällig ist, daß der deutsche Erzähler Enite in der Schlußpartie ganz in den Hintergrund gerückt hat. Nach dem Aufbruch aus Penefrec ist von Enite nicht mehr die Rede. Am Artushof wird sie, anders als bei Chrétien, mit keinem Wort erwähnt. Auch in Karnant wird nur noch von Erec erzählt. Am auffälligsten ist, daß bei Hartmann nur Erec gekrönt wird, bei Chrétien dagegen Erec und Enide. Erst ganz zuletzt trägt der Erzähler in wenigen Versen nach, daß Enides Leben sich zum Guten gewendet hat (10107 ff.). Dann wird sie in den Ausblick auf ein seliges Ende mit einbezogen. Wie das Schweigen über Enite zu deuten ist, läßt der Text offen.

4. Bauform und Poetik

Gliederung

Es gibt keine eindeutigen Textsignale in Hartmanns „Erec“, die erkennen ließen, was für eine Großgliederung seines Epos der Autor beabsichtigt hat. Auch die Handschriften helfen nicht weiter. Im Ambraser Heldenbuch gibt es keine Groß-Initialen, die Handlungsblöcke abgrenzen könnten.

Der Ambraser „Erec“-Text ist durch Lombarden (Gliederungszeichen in Form von Unzial-Buchstaben) in Abschnitte unterschiedlicher Länge gegliedert. Übereinstimmungen in der Abschnittsmarkierung zwischen der Ambraser Handschrift und den Koblenzer Fragmenten bezeugen eine kleinere Textgliederung, die bis in eine frühe Phase der Überlieferungsgeschichte zurückreichen könnte.

Man ist daher darauf angewiesen, die Gliederung aus der Inhaltsanalyse zu erschließen. Der entscheidende Anstoß dazu kam von Hugo Kuhn (Lit.verz. Nr. 61), der im Jahr 1948 einen „doppelten Cursus“ (S. 134), später auch „Doppelweg“ genannt (vgl. Hans Fromm [Lit.verz. Nr. 155]), Walter Haug [Lit.verz. Nr. 157]), als Gliederungsprinzip des „Erec“ aufgewiesen hat. Mit „Doppelweg“ ist der Weg Erecs durch die Dichtung gemeint, der auch als erster und zweiter Abenteuerweg bezeichnet wird. Beide Wege sind durch Szenen am Artushof abgegrenzt: Die Handlung beginnt am Artushof. Zweimal verläßt Erec den Hof und zweimal kehrt er dorthin zurück. Dazwischen liegen die beiden Abenteuer-Reihen, die so gebaut sind, daß der Held gleich am Anfang in eine ‚Krise‘ gerät, in einen Zustand der Schmach und Schande, aus dem er sich durch große Rittertaten zu neuem und höherem Ruhm herausarbeitet. Die Rückkehr an den Artushof bestätigt beide Male den Status ritterlicher Vorbildlichkeit. Die ‚Krise' des ersten „Cursus" besteht in der Schmach, die Erec von Iders' Zwerg erleidet. Die ‚Krise' des zweiten „Cursus" ist das *verligen* in Karnant. Die erste Schande wird durch den Sieg über Iders wettgemacht, die zweite durch den langen Abenteuerweg, der wiederum gedoppelt ist und aus zwei Reihen besteht, die durch den unfreiwilligen Aufenthalt am Artushof voneinander abgegrenzt sind (vgl. Kurt Ruh [Lit.verz. Nr. 90], S. 131, Peter Wapnewski [Lit.verz. Nr. 106], S. 52f.):

Räuber-*âventiure*
1. Grafen-*âventiure*
1. Guivreiz-*âventiure*

Unfreiwilliger Aufenthalt am Artushof

Riesen-*âventiure*
2. Grafen-*âventiure*
2. Guivreiz-*âventiure*

Joie de la curt.

Es ist jedoch zu überlegen, ob es richtig ist, die ganze Dichtung von Erecs Weg her zu gliedern. Für Chrétiens „Érec et Énide" ist mit einer anderen Bauform zu rechnen.

Nach dem Abschluß der Jagd auf den weißen Hirsch heißt es bei Chrétien: „Hier endet der erste Abschnitt" (*ici fenist li premiers vers* 1796). Alles, was vorausgeht, gehört bei Chrétien zum „ersten Abschnitt" des Textes. Ausgangs- und Endpunkt der Handlung des ersten Teils ist die Jagd auf den weißen Hirsch, in die, kunstvoll verschachtelt, die Begegnung der Königin mit Iders und Erecs Sieg im Sperber-Wettbewerb eingefügt sind. Das übergreifende Thema ist die Harmonie des Artushofs, die durch den Entschluß des Königs zur Jagd auf den weißen Hirsch gestört und durch den Kuß, den Artus Enide gibt, wiederhergestellt wird. Erec hat dabei die Funktion, durch den Gewinn von Enide die Lösung des Konflikts herbeizuführen.

Für alles, was auf Artus' Kuß folgt, gibt es bei Chrétien keine weiteren direkten Gliederungs-Hinweise. Wenn alles, was folgt, zusammen den Hauptteil der Dichtung bildet, so würde dieser von Erecs und Enides Hochzeit am Artushof bis zu Erecs und Enides Krönung am Artushof reichen. Der Hauptteil wäre durch zwei große Hoffeste begrenzt. Beide Feste werden durch eine Bitte Erecs veranlaßt: Zuerst bittet er Artus, die Hochzeit an seinem Hof auszurichten (1870 ff.), zuletzt bittet er den König, ihn zu krönen (6488 f.). Als er zuletzt zum Artushof zurückkehrt, findet er diesen, wie bei seiner Rückkehr an den Hof im ersten Teil, in einem Zustand, in dem die Harmonie der Gesellschaft gestört ist: König Artus war „in großer Besorgnis" (*molt angoisseus* 6370), weil nur so wenige Leute an seinem Hof waren. Beide Male trägt Erec wesentlich dazu bei, daß, nach Artus' Worten, „das Ansehen meines Hofes sehr erhöht" (6385) wird.

Was Erecs *âventiure*-Fahrt von den Fahrten anderer Artus-Helden unterscheidet, ist, daß Erec von Enide begleitet wird. Die Abenteuer sind so organisiert, daß es nicht in erster Linie um Ritterproben für Erec geht, sondern ebensosehr und noch mehr um Proben für Enide. Chrétiens „Érec et Énide" ist kein Erec-Roman, sondern ein Roman von Erec und Enide. Es geht um ein Paar (vgl. S. 104 ff.). Die Veränderung der Paarbeziehung steht im Mittelpunkt, nicht der Weg des Helden durch die Abenteuer.

Eine solche Sicht der Gliederung kann man durch folgendes Schema veranschaulichen:

Erster Teil: Die Jagd auf den weißen Hirsch

Die Jagd des Königs
Die Begegnung mit Iders
Erec in Tulmein
Die Rückkehr zum Artushof

Hauptteil: Von Erecs und Enides Hochzeit bis zu Erecs und Enides Krönung

Erecs und Enides Hochzeit
Das *verligen* in Karnant
Die *âventiure*-Fahrt (vgl. S. 74)
Joie de la cort
Erecs und Enides Krönung

Dieses Schema läßt sich nicht ohne weiteres auf Hartmanns Dichtung übertragen. Es fällt auf, daß Hartmann die meisten Hinweise, die eine solche Gliederung nahelegen, getilgt hat. Bei Hartmann fehlt der explizite Hinweis auf das Ende des ersten Teils. Ebenso fehlt der Zielpunkt bei Chrétien: die Krönung Erecs und Enides am Artushof. Die Krönung ist im deutschen Text nach Karnant verlegt, und von einer Krönung Enites ist keine Rede. Die Schlußszene am Artushof beschränkt sich bei Hartmann auf die achtzig Witwen, die es bei Chrétien nicht gibt. Der Artushof verliert im deutschen „Erec" viel von seiner Bedeutung. Er wird in den Schatten gestellt von Karnant (bei Chrétien ist Carnant nur der Ort des *verligens*), vgl. S. 70. Bei Hartmann spielt auch die Paarbeziehung nicht dieselbe Rolle wie bei Chrétien (vgl. S. 106). Im Mittelpunkt steht Erec, der gleich bei der Einführung als der Held der Geschichte vorgestellt wird. Damit sind der Gliederung Chrétiens wichtige Stützen entzogen.

Auf die Frage, wie Hartmanns Dichtung gegliedert ist, bekommt man keine klare Antwort. Wo bei Chrétien der erste Teil endet, ist bei Hartmann kein Einschnitt. Nach Artus' Kuß wird gleich von der Fürsorge für Enites Eltern berichtet und von den Vorbereitungen der Hochzeit. Ein deutlicher Absatz ist mit dem Aufbruch nach Karnant erreicht. Hier könnte der Anfangsteil zu Ende sein. Das *verligen* in Karnant geht ohne Einschnitt in die Schilderung des Aufbruchs über. Die *âventiure*-Fahrt ist wie bei Chrétien gegliedert. Nur das Ende der Fahrt ist unbestimmt. Mit der Versöhnung der Eheleute am Schluß der zweiten Grafen-*âventiure* könnte die Fahrt zu Ende sein. Offenbar bildet die Heilung in Penefrec den Abschluß. In Joie de la curt werden neue Akzente gesetzt. Anders als bei Chrétien ist Joie de la curt durch das Motiv der achtzig Witwen eng mit der nachfolgenden Artushof-Szene verknüpft. Daher wird Joie de la curt besser zum Schlußteil gezogen. Das legt folgende Gliederung nahe:

Anfangsteil
- Der doppelte Schönheitspreis
- Erecs und Enites Hochzeit

Mittelteil
- Das *verligen* in Karnant
- Die *âventiure*-Fahrt (vgl. S. 74)

Schlußteil
- Joie de la curt
- Artushof
- Karnant

Das ist jedoch nur ein Vorschlag; auch andere Gliederungen sind möglich.

Der „wahre Sinn" *(verum intellectum)* der Erzählung

Im Prolog zu „Érec et Énide" spricht Chrétien von den berufsmäßigen Sängern, die die Geschichten von Erec „zerstückeln und verderben" (*depecier et corronpre* 21). Dagegen habe er sich zum Ziel gesetzt, aus einer Abenteuergeschichte eine „sehr schöne Verbindung" (*une molt bele conjointure* 13) zu ziehen. Das Wort *conjointure*, mit dem Chrétien das neue künstlerische Programm seines Artusromans bezeichnet, hat er aus dem gelehrten Latein entlehnt. Lateinisch *conjunctura* heißt „Verbindung", „Gefüge", und meint, in bezug auf ein Epos, am ehesten das, was wir die künstlerische Einheit oder den inneren Zusammenhang nennen können (vgl. Douglas Kelly: The Art of Medieval French Romance [Lit.verz. Nr. 161], S. 15ff.).

Die *conjointure*, von der Chrétien spricht, meint offenbar mehr als die geordnete Abfolge von Hofszenen und Abenteuerfahrten.

Die Handlung beginnt bei Chrétien am Artushof mit dem Entschluß des Königs, die Jagd auf den weißen Hirsch zu veranstalten. Dann folgt der Erzähler nicht den Jägern, sondern begleitet die Königin und Erec, die eine andere *âventiure* erleben: die Demütigung durch den Zwerg. Das setzt eine neue Handlung in Gang, die nach Tulmein, zu Enide und zum Sperberabenteuer führt (Szenenwechsel). Inzwischen hat Artus den Hirsch erlegt, kann aber den damit verbundenen Schönheitspreis nicht vergeben, weil die Ritter der Tafelrunde nicht damit einverstanden sind (Szenenwechsel). Durch seinen Sieg über Ydiers tilgt Erec die Schande der Königin und mehrt sein eigenes Ansehen (Szenenwechsel). Ydiers meldet am Artushof Erecs Sieg und kündigt seine Rückkehr an (Szenenwechsel). Mit dem schönsten Mädchen kehrt Erec an den Artushof zurück und ermöglicht dem König den Abschluß der Jagd-*âventiure*, indem nun Enide den Kuß empfängt. Es ist nicht nur der mehrfache Szenenwechsel, der die beiden Erzählstränge miteinander verknüpft, sondern es zeigt sich, daß die beiden Abenteuer, die inhaltlich ganz unabhängig voneinander sind, in ihrer Bedeutung und Funktion aufeinander bezogen sind, daß zwischen ihnen ein ‚innerer Zusammenhang' besteht, eine *conjointure.*

Dasselbe zeigt sich im Aufbau größerer Handlungsstücke. Die *âventiure*-Fahrt von Erec und Enide, die den Hauptteil der Erzählung ausmacht, besteht aus Begegnungen und Ereignissen, die wiederum nichts miteinander zu tun haben. Es ist jedoch ganz deutlich, daß sie in verschiedener Weise aufeinander bezogen sind. Am auffälligsten ist es, daß Erec zweimal gegen Guivret kämpft. Dem Zusammentreffen mit dem Zwergenkönig geht beide Male eine *âventiure* voraus, in der ein Graf unter dem Eindruck von Enides Schönheit seine höfische *zuht* verletzt. Vor den beiden Grafen-Abenteuern muß Erec jedesmal gegen Vertreter der unhöfischen Gegenwelt kämpfen: zuerst gegen zwei Räubergruppen, dann gegen zwei Riesen.

Die *âventiure* von Joie de la curt weist auf die Szene in Carnant zurück, wo Erec und Enide sich in ähnlicher Weise von der Gesellschaft isoliert haben wie zuletzt Mabonagrain und seine Freundin. Spiegelungen ähnlicher Art finden sich auch in anderen *âventiuren*. Die Einzelstationen der Handlung sind durch Korrespondenzen, Spiegelungen oder Kontraste miteinander verbunden.

Die künstlerische Bauform des „Erec“ ist dadurch gekennzeichnet, daß hinter der Handlungs-Ebene eine ‚Sinn-Ebene‘, eine ‚Bedeutungs-Ebene‘, erkennbar ist. Die Unterscheidung zwischen verschiedenen Ebenen des Textverständnisses, zwischen einem wörtlichen und einem ‚geistigen‘ Verständnis (*sensus litteralis – sensus spiritualis*), war den Gebildeten im Mittelalter geläufig. Solche Unterscheidungen galten hauptsächlich für die heiligen Schriften. Für weltliches Schrifttum wurde im 12. Jahrhundert die Lehre vom *integumentum* („Hülle“, „Schleier“) entwickelt. Bernhardus Silvestris unterschied in dem ihm zugeschriebenen Kommentar zu Martianus Capella zwei Formen von verhüllter Wahrheit: die Allegorie (in den heiligen Schriften) und das Integumentum (in Dichtungen wie Vergils „Aeneis“). Ein Integumentum liege vor, wenn eine erfundene Erzählung einen „wahren Sinn“ (*verum intellectum*) erschließt (Commentum in Martianum [Lit.verz. Nr. 131], 2,74–75; vgl. Hennig Brinkmann [Lit.verz. Nr. 149]). Daß Chrétien mit den gelehrten Literaturtheorien vertraut war, bezeugt er selbst im „Erec“, wenn er sich auf Macrobius beruft, von dem er die Kunst der Beschreibung gelernt habe (6676ff., vgl. S. 131). Von Macrobius wurde im 12. Jahrhundert vor allem die Fabel-Theorie rezipiert. In seinem Kommentar zu Ciceros „Somnium Scipionis“ unterschied Macrobius drei Arten von Fabeln: 1. Erfundene Geschichten, die nur zum Vergnügen erzählt werden. 2. Erfundene Geschichten, die zum Guten mahnen. 3. Erfundene Geschichten, die auf „die Festigkeit der Wahrheit“ gegründet sind (*fundatur veri soliditate*), und zwar in der Weise, daß „durch Erfindungen diese Wahrheit ans Licht gebracht wird“

(*haec ipsa veritas per ... ficta profertur,* Commentarii in somnium Scipionis I,2,9 [Lit.verz. Nr. 144], S. 5; vgl. Fritz P. Knapp [Lit.verz. Nr. 163], S. 611 f.). Vielleicht wollte Chrétien mit dem Begriff *conjointure* andeuten, daß sein Artusroman eine Fabel der dritten Art sei. Worin die „Wahrheit" besteht, ist letztlich eine Interpretationsfrage. Man tut gut daran, die Sinnebene für verschiedene „Wahrheiten" offenzuhalten und auf die Konstruktion einer durchgehenden Sinnstruktur zu verzichten. Für Hartmann kommt man der Sinnebene vielleicht am besten nahe, wenn man das Verhältnis von Innen- und Außen-Perspektive genauer verfolgt. Interessante Beobachtungen zu einer Poetik des Blicks nach innen findet man bei Françoise Salvan-Renucci (Der Dichter als cordis speculator: Die Dualität von Innen- und Außensicht im Erec Hartmanns von Aue [Lit.verz. Nr. 91]).

Räume und Zeiten

Räume

Chrétien de Troyes hat eine fiktive Artus-Topographie als Spielraum seiner Romane erfunden, die von Hartmann übernommen, in Einzelheiten variiert oder erweitert wurde. Zentrum dieser fiktiven Welt ist das Land *Britanje*, wo Artus herrscht. Dies ist in Hartmanns „Erec" der einzige historisch identifizierbare Ortsname, der für die Handlung eine Rolle spielt.

Andere verifizierbare Namen gibt es nur in den Herrschaftsbezeichnungen von Personen und Sachen: *Engellant, Îrlant, Kartâgô, Kriechen, Poitiers, Pôlân, Riuzen, Schotten, Spanje, Winden.*

Britannien war sowohl in der volkstümlich-keltischen als auch in der gelehrt-lateinischen Tradition von Anfang an mit Artus verbunden. Von der Lokalisierung der beiden Königssitze in *Britanje*, *Karidôl* und *Tintajôl* hatte das deutsche Publikum sicherlich keine klare Vorstellung. Neben dem Artushof hat die

„Erec"-Handlung einen zweiten Bezugspunkt: *Karnant*, wo König Lac, Erecs Vater, herrscht, wo Erec und Enite sich *verligen* und wo Erec zuletzt gekrönt wird. Stationen der Handlung sind außerdem der Herzogshof in Tulmein, der Hof des ersten Grafen, der Grafenhof in Limors, das Jagdschloß Penefrec und der Königshof in Brandigan.

Das Reich der *âventiure*, außerhalb der Königssitze, ist in der Regel nicht durch Ortsnamen gegliedert. Die Handlung spielt im Wald (Räuber-*âventiure*) oder in der Wildnis (Riesen-*âventiure*). Erec und Enite verbringen die erste Nacht im Wald. Danach finden sie wieder gastlichere Herbergen: Die zweite Nacht sind sie in einem Wirtshaus (in der Stadt des ersten Grafen), die nächste in einem *hûs* des Königs Guivreiz, die folgende in König Artus' Zeltlager, die fünfte Nacht bleiben sie noch einmal im Freien, auf einem *wisevlecken* (7036). Die folgenden 14 Tage bleiben sie in Penefrec.

Am Ende der zweiten Grafen-*âventiure* hat Hartmann, unabhängig von Chrétien, die politische Topographie der Gegend erläutert, in der die Handlung spielt: Drei Herrschaftsbereiche grenzen dort aneinander, getrennt nur durch einen Wald: der des Grafen Oringles, der des Königs Guivreiz und der von Artus. In dem Grenzwald hört Erec die klagende Stimme von Cadocs Ehefrau; und in dem Wald findet auch die Versöhnung Erecs und Enites statt.

Die Lokalitäten, an denen die Handlung spielt, bleiben fast überall vage und pauschal („Wald", „Wildnis", „Wiese" usw.). Bei der Begegnung mit Iders sehen sie den fremden Ritter „über die Heide" reiten (7). Später folgt Erec der Stimme der klagenden Frau „durch wilden Wald" (5313). Nur einmal wird eine Naturszenerie genauer beschrieben. Nach dem zweiten Kampf gegen Guivreiz führt der kleine König Erec und Enite zu einem „Wiesenstück" (7036) und läßt dort ein Feuer anzünden. Dann halten Guivreiz' Knechte Ausschau nach einer für das Nachtlager geeigneten Stelle: „Da sahen sie drei Buchen seitwärts vom Feuer, stattlich und schön, gleich hoch, mit großen Blätterkronen und weit ausladenden Ästen" (7085–90). Diese Beschreibung hat bei Chrétien kein Vorbild. Andererseits hat Hartmann die Beschreibung der idyllischen Landschaft, in der Carnant liegt (2263 ff.), übergangen. Die größte Naturbeschreibung bei Hartmann ist die detaillierte Schilderung der Jagdanlagen um das Schloß Penefrec (vgl. S. 57), wo eine höfisch gezähmte und schön geordnete Natur geschildert wird. Der ganze Penefrec-Exkurs ist ohne Vorbild bei Chrétien. Dagegen ist die einzige umfangreiche Architekturbeschreibung, die Beschreibung der Burg Brandigan, von Chrétien angeregt. Bei Chrétien ist Brandigant auf einer großen Insel erbaut, die auf allen Seiten von tobenden Wassern umgeben und von einer langen Mauer geschützt ist. Durch ihre Lage ist die Burg uneinnehmbar. „Wenn Frankreich und das ganze Königreich und alle, die bis nach Lüttich hin wohnen, sich hier ringsherum zur Belagerung versammelten, würden sie es doch in ihrem ganzen Leben nicht erobern" (5344–47). Bei Hartmann ist Brandigan auf einem großen runden Felsen erbaut, der so hoch ist, daß die Burg von Schleudern nicht erreicht werden kann. Der Felsen ist von einer dicken, starken Mauer umgeben, deren Zinnen von dreißig mächtigen Türmen überragt werden. Die Türme haben goldene Kugeldächer, die weit ins Land leuchten. Die Burg wird umflossen von einem reißenden Fluß, der in einem so tiefen Tal fließt, daß einer, der von der Zinne herab in die Schlucht blickt, meint, er würde in die Hölle schauen (7877 ff.). Auf der einen Seite breitet sich unterhalb der Burg die Stadt Brandigan aus; auf der anderen Seite liegt der magische Garten, in dem Mabonagrin und seine Freundin sich aufhalten. In der Beschreibung der Burg vollzieht der Erzähler mehrere Perspektivenwechsel. Meistens spricht einer, der die ganze Anlage überschaut, außen und innen. Dann werden die goldglänzenden Türme aus der Sicht eines Fremden geschildert, der sich von weitem der Burg nähert. Dann läßt der Erzähler jemanden auf die Zinnen steigen und über die Mauer hinunterschauen: Dem käme der tiefe Abgrund so vor, „als blicke er in die Hölle" (7881, vgl. Scholz [Lit.verz. Nr. 3], S. 934 f.).

Elemente von Stadtarchitektur kommen an mehreren Stellen kurz zur Sprache. Meistens jedoch reden und agieren die Figuren fast ohne Hintergrund, als seien sie dem Raum enthoben.

Innenarchitektur wird von Chrétien an mehreren Stellen genauer beschrieben, vor allem bei der ersten Ankunft Erecs und Enides in Carnant und am Schluß bei der Krönung in Nantes. Das hat Hartmann alles übergangen, und die Innenraumgliederung bleibt in den meisten Fällen unbestimmt.

Raum wird im „Erec" gebildet, wenn Menschen sich bewegen oder miteinander kommunizieren.

Eine höfisch geordnete Bewegung wird zum Beispiel von dem großen Festzug ausgeführt, zu dem sich die Gäste auf dem Weg zu Erecs und Enides Hochzeit zusammengefunden haben. Das Turnier besteht ebenfalls aus geordneten Raumbewegungen.

Größere Bedeutung als der konkrete Raum, in dem sich die Handlung abspielt, haben im „Erec" die Kommunikationsräume, die durch optische oder akustische Signale geschaffen werden (vgl. Wandhoff [Lit.verz. Nr. 104]). Die Vielfalt der Blickräume, nicht nur beim Austausch von Blicken, wie zwischen Erec und Enite auf dem Ritt von Tulmein zum Artushof, sondern auch die viel zahlreicheren Blicke auf Gegenstände oder Personen, mit kunstvollen Wechseln der Blickrichtungen, verdienten eine genauere Analyse. Ebenso wichtig sind die Klangräume, die durch die Stimme gebildet werden: durch die Schreie von Frauen oder durch verbale Kommunikation.

Bei der Einleitung der Riesen-*âventiure* benutzt Erec die Klage-Rufe der Frau, die er aus dem Wald hört, als Wegweiser zu ihr. Den Aufenthaltsort ihres von den Riesen gequälten Mannes findet er, indem er der Blutspur folgt, die durch den Wald läuft.

Was man sehen oder hören kann, wird auf der *âventiure*-Fahrt zum Thema.

Bei der Begegnung mit der ersten Räubergruppe versucht die vorausreitende Enite, der das Sprechen verboten ist, durch Zeichen (*mit gebâren* 3129) ihren Mann zu warnen, der die Gefahr selber noch nicht bemerkt hat; er versteht jedoch das Zeichen nicht. In der ersten Grafen-*âventiure* fügt der Erzähler einen kleinen Exkurs ein, um zu erklären, wieso Enite besser hören und sehen kann als Erec: weil Erec eine Rüstung trägt und Enite nicht (4150 ff.). Ein ironischer Unterton ist in dieser Erklärung kaum zu überhören, zumal Enites frühere Wahrnehmung der Gefahr sich zwanglos aus ihrem Vorausreiten erklärte, während an dieser Stelle die Gefahr von hinten kommt: Der Graf verfolgt die beiden. Daß ein Ritter nachts hochgerüstet und mit geschlossenem Helm durch das Land reitet, ist eine poetische und gänzlich unrealistische Konstruktion.

Zeiten

Die Zeit ist im „Erec" ein bedeutsamer Ordnungsfaktor, jedenfalls bei Chrétien. In „Érec et Énide" beginnt die Dichtung am Ostersonntag und endet am Weihnachtsfeiertag. Die Handlungszeit beträgt also ungefähr ein dreiviertel Jahr. Ostern und Weihnachten als Grenzen der Handlung sind sicherlich mit Bedacht gewählt. Ostern, das Fest der Auferstehung, konnte für einen Neubeginn stehen. Weihnachten war nicht nur das Fest der Menschwerdung Christi, sondern hatte ebenso eschatologische Bedeutung: Die Menschwerdung deutete auf das Weltende voraus. Weihnachten konnte auch für das definitive Ende stehen.

Die Spielzeit ist im einzelnen nicht nachrechenbar, weil der Aufenthalt von Erec und Enide auf verschiedenen Stationen der Handlung eine unbestimmte Dauer hat.

Am Anfang ist für die Vorbereitung der Hochzeit und die Einladung der Gäste ein bis zwei Wochen anzusetzen. Das Fest dauert mehrere Wochen; dann folgt das Turnier. Im ganzen vergehen etwa 6–8 Wochen bis zum Aufbruch nach Karnant. In Karnant ist ebenfalls mit einem wochenlangen Aufenthalt zu rechnen, während dessen Erec die Achtung der Hofgesellschaft verliert. Die Schlußszene am Artushof ist bei Chrétien auf zwei bis drei Jahre angelegt – so lange will Erec am Hof bleiben (6443 f.) –, wird dann aber nur bis zum Krönungsfest zu Weihnachten erzählt, mit dem die Dichtung endet.

Ob auch bei Hartmann die Dichtung am Ostersonntag beginnt, ist nicht sicher, weil in der Ambraser Handschrift der Anfang fehlt. Die Hochzeit von Erec und Enite findet in der deutschen Dichtung zu Pfingsten statt (*in der phingestwochen* 1901). Am Schluß hat Hartmann weder das Artusfest noch das Krönungsfest in Karnant genauer datiert. Auch in der deutschen Dichtung beträgt die Handlungszeit ungefähr ein halbes oder ein dreiviertel Jahr. Auch hier wechseln die längeren unbestimmten Aufenthalte mit den genau berechenbaren *âventiuren* ab.

Überblick

[der Anfang fehlt; bei Chrétien:	
1. Tag:	Ostersonntag. Hoffest am Artushof
2. Tag:	die Jagd auf den weißen Hirsch;] die Begegnung mit Iders; Übernachtung bei Koralus in Tulmein
3. Tag:	Sperberkampf; Übernachtung bei Koralus
4. Tag:	Erecs Rückkehr zum Artushof
6 1/2 Wochen am Artushof. Einladung zur Hochzeit	
Pfingsten:	Hochzeit
2 Wochen:	Hochzeitsfest
2 Wochen:	Verlängerung des Fests
3–4 Wochen	(*über drî wochen an dem naehsten mântage* 2237–38); Vorbereitung des Turniers
1. Tag:	Samstag: Ankunft am Turnierort
2. Tag:	Sonntag: Vorturnier
3. Tag:	Montag: Turnier
unbestimmte, nicht sehr lange Zeit (*unlange zîte* 2859) am Artushof	
unbestimmte Dauer des *verligens* in Karnant	
âventiure-Fahrt	
1. Tag:	Ritt durch den Wald; nachts Räuber-*âventiure*
2. Tag:	Ankunft in der Stadt des 1. Grafen; Übernachtung in einer Herberge
3. Tag:	Aufbruch vor Morgengrauen; Flucht in *unkundez lant* (4278); 1. Guivreiz-*âventiure*; es ist Sommer (sie kämpfen *den sumertac alsô lanc* [4462]); Übernachtung in Guivreiz' *hûs* (4564)
4. Tag:	unfreiwilliger Aufenthalt in Artus' Jagdlager
5. Tag:	Riesen-*âventiure*; 2. Grafen-*âventiure*; in der Nacht Flucht aus Limors; 2. Guivreiz-*âventiure*; Übernachtung auf einem *wisevlecken* (7036)
2 Wochen	in Penefrec
1. Tag:	Joie de la curt; Übernachtung in Brandigan
2. Tag:	Joie de la curt
4 Wochen:	Fest in Brandigan; zum Artushof
unbestimmte Zeit am Artushof; nach Karnant	
6 Wochen	Krönungsfest in Karnant

5. Erec und Enite

Enite

Enite erscheint geradezu als eine Verkörperung des traditionellen, patriarchalisch akzentuierten Frauenbildes. Als Tochter unterliegt sie der Befehlsgewalt des Vaters, als Ehefrau der Gewalt des Ehemanns. Es wird Hartmanns höfischem Publikum aufgefallen sein, daß dieses Bild des Geschlechterverhältnisses in krassem Gegensatz steht zu der höfischen Idee des Frauendienstes, die für das Gesellschaftsbild am Artushof charakteristisch ist. Wie dieser Widerspruch aufgelöst werden soll, ist nicht gleich erkennbar. Hartmanns Roman sollte sicherlich nicht als Kritik an der traditionellen Unterordnung der Frau gelesen werden. Männliche Gewalt gegen Frauen wird im „Erec“ nur kritisiert, wenn sie ohne Grund ausgeübt wird.

Ein Kommentar des Erzählers scheint eine entschiedenere Haltung zu bezeugen: „Deshalb sei verflucht (das wünsche ich ihm), wer Frauen Leid zufügt, denn das ist weder männlich noch gut“ (*wan ezn ist manlîch noch guot*) (5770–73). Gemeint ist wahrscheinlich nur, daß man den Frauen kein unnötiges oder unrechtes Leid zufügen soll.

Vorbildlich ist Enite in ihrem Gehorsam gegenüber Vater und Ehemann, ihrer Geduld, ihrer Leidensbereitschaft und Leidensfähigkeit, gepaart mit dem Bewußtsein der weiblichen Inferiorität (*wir wegen ungelîche* 3173). Selbstverwirklichung der Frau und Entfaltung der eigenen Persönlichkeit sind keine Themen im „Erec“. Nach traditioneller theologischer Auffassung wurde das ‚Wesen‘ der Frau aus dem Schöpfungsauftrag abgeleitet, von dem die „Genesis“ berichtet. Danach wurde die Frau „dem Mann zur Hilfe“ (*ei adjutorium* Genesis 2,18) geschaffen. Diesen

Auftrag, dem Mann beizustehen, erfüllt Enite in vorbildlicher Weise.

Enite tut alles, was ihr Ehemann befiehlt: Sie nimmt es ohne Protest hin, wenn Erec ihr in Tulmein bessere Kleider verweigert und sie zwingt, in Lumpen vor der Gesellschaft zu erscheinen; sie begleitet ihn, ohne eine Frage zu stellen, auf die *âventiure*-Fahrt; sie erträgt widerspruchslos die Trennung von Tisch und Bett. Nur in einem Punkt verweigert Enite den ehelichen Gehorsam. Seinem Befehl, kein Wort zu sprechen, gehorcht sie nicht. Diese Verweigerung des Gehorsams wird für Enite zu einem quälenden Problem: Jedesmal überlegt sie zuerst, ob sie es wagen soll, seinem Befehl zuwiderzuhandeln, und jedesmal kommt sie zu dem Schluß, daß sie ungehorsam sein muß. Wenn Erec sie deswegen schilt, weiß sie sich beredt zu verteidigen. Die Strafen, die Erec ihr für ihr Verhalten auferlegt, erträgt sie klaglos. Den Zuhörern wird bald klar, daß Enite richtig handelt. Denn was Enite in allen Fällen veranlaßt, den ehelichen Gehorsam zu verweigern, ist die berechtigte Sorge um ihren Ehemann, den sie nur durch ihre Warnung vor größerem Schaden bewahren kann. Wenn das Wohl und Wehe des Ehemanns von den Worten der Ehefrau abhängt, wiegt die Pflicht oder der Drang, den Mann zu warnen, offenbar schwerer als das Gebot des Ehemanns. Enites Verhalten wirft keinen Schatten auf ihre Vorbildlichkeit, sondern sie bezeugt darin besonders deutlich ihre eheliche Untadeligkeit.

Auch in Karnant wird Erec erst durch Enites Worte auf den Verlust seines Ansehens aufmerksam. Das wirft die Frage auf, ob Erec auch so tief gesunken wäre, wenn Enite schon früher gesprochen hätte, nicht nur zu sich selbst, sondern in direkter Warnung an ihren Mann; denn auch in Karnant ging es um das Wohl des Ehemanns.

In der „Erec"-Forschung wird bereits seit den siebziger Jahren (Thoran, Mayer, McConegy, Quast, Bussmann, vgl. Lit.verz. Nr. 101, 65, 66, 83 und 19) die Auffassung vertreten, daß Enite in Karnant hätte reden sollen, als sie erfuhr, daß Erec seinen guten Ruf in der Hofgesellschaft verloren hatte. Um so mehr, als Erec und Enite bei Hartmann (anders als bei Chrétien, vgl. S. 36) in Karnant bereits eine Herrschaftsposition erringen. Als Ehefrau und „Königin“ (3365) hätte Enite die Pflicht gehabt, ihren Mann auf die Gefahr, die ihm drohte, aufmerksam zu machen und ihn vor dem tiefen Sturz zu bewahren. Daß sie es nicht getan hat – Enite fürchtete, Erec „dadurch zu verlieren“ (3012) –, darin liege ein Versagen, das Enite auf der *âventiure*-Fahrt dadurch wiedergutmachen müsse, indem sie zum Bewußtsein ihrer Mitverantwortung gelangt. „Enites Fehler besteht ... darin, die ... Kritik des Hofes ... gegenüber ihrem Mann verschwiegen zu haben“ (B. Bussmann [Lit.verz. Nr. 19], S. 7). Wenn man in Enites „falschem Schweigen“ das Zentral-Motiv der Enite-Darstellung sieht, sollte man allerdings auch betonen, daß der Erzähler nicht den kleinsten Hinweis auf eine solche Wertung ihres Verhaltens gegeben hat. Er läßt Enite im Gegenteil ihre ‚Schuld‘ darin sehen, daß sie in Karnant geredet hat, wo sie nach ihrer Meinung hätte schweigen sollen (5955ff.). Man müßte also annehmen, daß der „Erec“-Erzähler von seinen Zuhörern erwartete, daß sie ohne seine Hilfe zu einer solchen Einschätzung gelangen würden. Enites falsches Schweigen bleibt letztlich ein interessanter Interpretations-Gedanke.

Im Anfangsteil der Dichtung spielt Enites Kleidung eine große Rolle. Bei ihrem ersten Auftreten wird der Blick auf „ihre schäbige Kleidung“ (*ir salwe wât* 336) gelenkt. „Ihr Kleid war grün, ganz und gar zerrissen und überall abgeschabt. Ihr Hemd darunter war abgetragen und an vielen Stellen zerrissen“ (324–28), so daß überall ihre nackte Haut zu sehen war. In der Schilderung ihrer erbärmlichen Kleidung ist Hartmann weit von Chrétien abgewichen (vgl. S. 25). Es muß dem deutschen Bearbeiter wichtig gewesen sein, Enite so zu zeigen. Was im häuslichen Rahmen vielleicht nur Mitleid weckt, hat bei Enites öffentlichem Auftreten am Hof von Tulmein etwas Beschämendes, zumal da Erec für eine Frau in diesem Aufzug einen Schönheitspreis beansprucht. Wenn Iders sie als „Bettlerin" beschimpft (694), zielt dieses Wort sicherlich auf Enites armseliges Erscheinungsbild. Das Angebot des Herzogs Imain, seine Nichte gut zu kleiden und ihr die öffentliche Schmach zu ersparen, wird von Erec abgelehnt. Bei Chrétien ist es nicht Erec, sondern Enides Vater, der bessere Kleidung für seine Tochter schon vor längerer Zeit abgelehnt hat. Darüber wird gleich am ersten Abend gesprochen (518ff.). Am folgenden Tag ist von Enides Kleidung bei Chrétien nicht mehr die Rede. Die Begründung, die Erec bei Hartmann für seine Weigerung, Enite besser zu kleiden, gibt, ist sehr merkwürdig: Es wäre falsch, eine Frau nach ihrer Kleidung einzuschätzen (644f.); Erec werde vor allen Leuten beweisen, daß er für sie sein Leben wagen werde, „wäre sie auch nackt wie meine Hand und schwärzer als Kohle" (652f.). Diese Worte können verschieden verstanden werden. Will Erec sagen, ihm sei jede Begleiterin recht, wenn sie ihm nur einen Vorwand gebe, gegen Iders zu kämpfen?

Beim Aufbruch zur Abenteuerfahrt ist es im französischen Text Enide, die von sich aus „das beste Kleid" (*la meillor robe* 2609) anzieht, ohne eine Begründung dafür zu geben. Bei Hartmann ist es wiederum Erec, der seiner Ehefrau die Kleidung vorschreibt: Sie solle *daz beste gewaete* (3056) anziehen, ebenfalls ohne Begründung. Offenbar soll Enite den Lockvogel spielen, um Abenteuer anzuziehen. So ist es gleich bei der ersten *âventiure*: Die Räuber erblicken zuerst Enite und schließen aus ihrer reichen Kleidung, daß sich ein Überfall auf Erec lohne (3198ff.).

Wie die Zuhörer das Motiv von Enites armseliger Kleidung aufgenommen haben, dafür gibt es einen Zeitzeugen: Wolfram von Eschenbach zeigt im „Parzival" Jeschute in einer Situation, die der Enites gleicht. Ihr Ehemann, der sie ohne Grund der Untreue verdächtigt, verweigert ihr zur Strafe die eheliche Gemeinschaft. Sie muß vorausreiten; und auf dem wochenlangen Ritt ist ihr Kleid zerrissen, so daß man durch die Löcher die nackte Haut sieht, von der Sonne verbrannt (Parz. 257,8ff.). Wolfram hat den Zusammenhang mit Enite dadurch hergestellt, daß er Jeschute zu Enites Schwägerin gemacht hat.

Die Kleidung der Frauen hat Signalbedeutung. Sie signalisiert nicht nur den Stand, sondern auch die Befindlichkeit der Frauen. Die achtzig Witwen in Joie de la curt zeigen ihre Trauer an ihren schwarzen Kleidern; und ihre Umkleidung am Artushof signalisiert ihren Übergang zur *vreude*. Bei Enite scheint das Kleider-Signal ironisch verkehrt: Sie trägt Lumpen, wenn sie als Erecs Braut auftritt; und sie zeigt ihr bestes Kleid, wenn sie aller ehelichen Rechte beraubt ist. Das sind jedoch beide Male vom Ehemann anbefohlene Kleider. Auch diese aufgezwungenen Kleider zeigen jedoch Befindlichkeiten an. Vor der Hochzeit mit Erec befindet sich Enite in einem Zustand der Armut und der Bedürftigkeit, korrespondierend zu Erecs Zustand der Schmach und Schande. Zum Sperberkampf tritt Erec in veralteten Waffen an und Enite in zerrissenen Kleidern. Wenn Enite jedoch aller Ansprüche einer fürstlichen Ehefrau verlustig ist, zeigt ihre prächtige Kleidung an, daß sie sich gerade in diesem Zustand aufs schönste als Ehefrau bewährt.

In auffallender Weise wird Enite mit Pferden in Verbindung gebracht. Bereits bei ihrem ersten Auftreten befiehlt Koralus seiner Tochter, Erecs Pferd zu versorgen. Das ist offenbar ein ironischer Vorklang auf Erecs späteres Verhalten, der Enite noch viel härteren Pferdedienst auferlegt.

Als Strafe dafür, daß sie sein Redeverbot gebrochen hat, befiehlt Erec seiner Frau, die Pferde der besiegten Räuber mitzuführen, erst drei, dann acht Pferde. Das hat Hartmann von Chrétien übernommen, bei dem Enides Pferdedienst jedoch fast beiläufig behandelt wird. Die französische Enide führt die Pferde, als sei das ein Kinderspiel. Mit dem Erscheinen des Knappen am nächsten Tag endet ihr Pferdedienst ohne ein weiteres Wort. Erec schenkt die Pferde seinem Wirt als Lohn für die Bewirtung.

In der deutschen Dichtung betont Erec, daß er seine Frau damit zum Knecht machen wolle (*ich wil iuch ze knehte hân* 3431, vgl. 3275f.). Beide Male hebt der Erzähler hervor, daß der Pferdedienst eine unpassende Arbeit für eine höfische Dame sei: „wie sehr es gegen die Gepflogenheiten der Damen und gegen ihren Stand gehandelt war“ (3445–46, vgl. 3288 ff.). Außerdem wird Enites Demut und Leidensbereitschaft betont: „Die edle Frau litt großen Kummer, aber in ihrem Herzen machte sie das Leid zur Freude, wie ihre Demut es ihr vorschrieb“ (3450–53). Nach dem Urteil des Erzählers leistet Enite mit der Führung von acht Pferden einen Dienst, den vier Knechte kaum hätten vollbringen können (3454 ff.). Daß Enite die Arbeit trotzdem bewältigt, erklärt der Erzähler aus dem Beistand höherer Gewalten: „Wenn *vrou Saelde* ihr nicht beigestanden hätte und wenn *gotes hövescheit* (3461) nicht über ihr geschwebt und verhindert hätte, daß ihr ein großes Leid von den Pferden geschah“ (3460–65), hätte sie es nicht geschafft. Dem Beistand Gottes ist es offenbar auch zuzuschreiben, daß die acht Pferde unter Enites Leitung zu frommen Lämmern werden: „Auch mußten die Rösser einem solchen Knecht zuliebe willig und zu Recht ihr ungestümes Drängen lassen und sanftmütig mitgehen“ (3468–71). Bei Hartmann ist Enite eine gottbegnadete Pferdebändigerin. Darin offenbart sich ein Hintersinn: Ihre Demut bewirkt, daß Gott sie befähigt, die Wildheit der männlichen Kreatur (*ros* bezeichnet in der Regel das männlich gedachte Schlachtpferd) in Sanftmut zu verwandeln. Ist das nicht auch ihre Leistung als Ehefrau? Bewirkt nicht ihre demütige Liebe zu Erec, daß sein „ungestümes Drängen“ einer ausgeglichenen und besonnenen Haltung weicht?

Die andere Seite des Pferde-Motivs beleuchten die beiden Pferdegeschenke, die Enite empfängt: von ihrem Oheim in Tulmein und von Guivreiz’ Schwestern in Penefrec. Bereits Chrétien hat diesen beiden Pferden besondere Aufmerksamkeit gewidmet und beide ausführlich beschrieben (1367 ff. und 5268 ff.). Beides sind Zelter (*palefroiz* 1367. 5268), und beide haben dieselben guten Eigenschaften: „es ist weder scheu noch widerspenstig, beißt nicht, schlägt nicht aus und geht nicht mit einem durch“ (1377–78). Das hat Hartmann übernommen und ausgebaut (vgl. S. 132).

Die Pferde sind im „Erec“ nicht nur Reittiere, sondern auch Zeichenträger. Die Wildheit der Streitrösser, die Enite bändigt, kann als Verweis auf Erecs Ungestüm und seine ‚Zähmung‘ gelesen werden; die Schönheit und Sanftmut von Enites Zeltern sind ein Spiegel Enites. Sie spiegeln Enites Demut und Schönheit (vgl. Ingrid Hahn: Die Frauenrolle in Hartmanns Erec [Lit.verz. Nr. 37], S. 181 f.).

Von ihrem ersten Auftreten an wird Enites Schönheit immer wieder hervorgehoben. Das Wunderwerk ihres schönen Leibes, wie Gott ihn geschaffen hat (339 ff.), wird durch die herrlichen Kleider der Königin noch gesteigert. Die beiden Schönheitspreise, die Enite erringt, unterstreichen das Außerordentliche ihrer Schönheit.

Obwohl von Gott geschaffen, hat Enites Schönheit auch eine dunkle Seite (vgl. Kathryn Smits: Die Schönheit der Frau in Hartmanns Erec [Lit.verz. Nr. 98]). Dies deutet sich bereits an, wenn die Artusritter bei ihrem Anblick „erschraken“ (1737). Welche Gefahr von Enites Schönheit ausgeht, belegen die beiden Grafen-*âventiuren*. Der Anblick von Enites Schönheit erregt eine sinnliche Begierde, die so übermächtig wird, daß die Grafen ihre gute Erziehung vergessen und alle Mittel einsetzen, Enite zu besitzen. In der ersten Grafen-*âventiure* wird die korrumpierende Wirkung von Enites Schönheit beziehungsweise der sinnlichen Begierde, die der Anblick der Schönheit erregt, in allen Einzelheiten vorgeführt. Der erste Graf war, bevor er Enite erblickte, ein tüchtiger und guter Mann, fest in seiner Aufrichtigkeit (*biderbe unde guot, an sînen triuwen wol behuot* 3688–89). Dann „zwingt“ ihn Enites Schönheit (*als in der vrouwen schoene twanc* 3673) zur *untriuwe* (3675) und gibt ihm den Plan ein, Erec umzubringen, um Enite zu seiner Frau zu machen. „Frau Minne zwang ihn zu einem bösen Plan“ (3718–19). Bei Chrétien fehlt dieser Gesinnungswandel. Hier ist der Graf gleich zu Anfang „ein sehr übler Bursche“ (*molt est li cuens de male part* 3424), und seine Bosheit läßt ihn den Mordplan hegen.

Ein Korrumpierungsprozeß (*ein wandelunge* 2984) findet auch mit Erec in Karnant statt. Weil er seine Frau zu sehr liebt, verspielt er sein ganzes Ansehen am Hof. Die Gesellschaft in Karnant gibt Enite die Schuld an diesem Wandel zum Schlechten: „Sie sagten alle: ‚Oweh der Stunde, da wir unsere Herrin kennengelernt haben! Davon gerät unser Herr ins Verderben (*des verdirbet unser herre*)'" (2996–98). Es ist das alte Eva-Modell, das hier durchschlägt: die Frau als Verführerin des Mannes. Enite gibt der Hofgesellschaft recht: „Auch sie gewann die Erkenntnis, daß es ihre *schult* wäre" (*ouch geruochte si erkennen daz daz ez ir schult waere* 3007–08). Enite kann nichts dafür, daß sie so schön ist. Sie könnte jedoch durch äußerste Zurückhaltung die Gefahr für die Männer, die von ihr ausgeht, minimieren. So erklärt es sich vielleicht, daß Enite im Schlußteil der Dichtung fast völlig von der Bühne verschwindet: Zur Vorbildlichkeit der adligen Ehefrau gehört auch, daß sie sich vollständig zurücknimmt. Die Männer müssen aber auch lernen, mit der Schönheit der Frau umzugehen; das wird an Erec vorgeführt.

Der „Erec" ist kein Tugendspiegel mit der Absicht, Vorbildlichkeit exemplarisch zur Darstellung zu bringen. Für Chrétien und die Dichter, die seinem Weg gefolgt sind, war höfische Vorbildlichkeit nur die Folie, vor der die Figuren ihre Eigenart gewinnen. Gleich die erste große Frauengestalt seiner Artusromane ist bei Chrétien zwiespältig angelegt (vgl. Karen Pratt: Adapting Enide: Chrétien, Hartmann, and the Female Reader [Lit.verz. Nr. 82]). Sie ist einerseits die demütige Ehefrau, die sich den harten Befehlen ihres Ehemanns willig beugt. Andererseits ist sie eine selbstbewußte junge Frau, die den Wert ihrer Schönheit kennt und die zu selbständigem Denken und Sprechen fähig ist. Hartmann hat das Bild ihrer Persönlichkeit verkürzt. Er hat ihre Armut viel stärker betont als Chrétien, hat ihre Demut und Unterordnungsbereitschaft in den Mittelpunkt gestellt und hat Enite ein Bewußtsein ihrer weiblichen Minderwertigkeit zugeschrieben, von der die französische Enide frei ist. Aber auch bei Hartmann gibt es eine andere Seite. Ohne

Vorbild bei Chrétien „legt" die deutsche Enite den vom Kampf gegen Iders ermüdeten Erec „in ihren Schoß" (1317); und viel deutlicher als bei Chrétien äußert Enite bei Hartmann ihr Verlangen nach einer körperlichen Vereinigung mit Erec (1872ff.). In den beiden Grafen-*âventiuren* beweist Enite eine erstaunliche Eloquenz (vgl. S. 119f.). Und sie setzt sich über alle Verbote und Drohungen hinweg, wenn sie glaubt, daß ihr Mann in Gefahr ist. Enite verändert im Verlauf der Dichtung ihre Haltung zur Ehe und zu Erec: Während sie zuerst in der körperlichen Hingabe Erfüllung findet, beweist sie später ihre Mitverantwortung für das Wohlergehen ihres Ehemanns. Unabhängig von Chrétien wird im Schlußteil der Dichtung das Mitleid mit den achtzig Witwen auch für Enite zum bestimmenden Handlungsmotiv. Wie bei Chrétien hat das gute Gespräch, das sie mit Mabonagrins Freundin führt, für diese in ähnlicher Weise eine erlösende Funktion wie für Mabonagrin die Niederlage durch Erec; beide werden aus dem magischen Zwang des Gartens befreit.

Viel mehr als bei Chrétien wird bei Hartmann Enites Rede- und Handlungsweise von innen gesteuert. Enites Selbstreflexionen haben die Form lauter und leiser Reden, die Enite mit sich selbst führt und die Hartmann weit über das hinaus, was sich bereits bei Chrétien findet, ausgestaltet hat (vgl. S. 121f.). Der deutsche Erzähler inszeniert eine Frau, die voller Zweifel und Ungewißheit ist in bezug auf ihr eigenes Handeln und die in gefährlichen Situationen ihrer eigenen Schwäche die Schuld daran gibt, daß es dazu gekommen ist. Gleichzeitig bezeugt sie in ihren Klagen und Selbstzweifeln eine emotionale Kraft, die ihr ganzes Denken und Handeln bestimmt: die Liebe zu ihrem Ehemann bis in den Tod hinein und darüber hinaus. Daraus gewinnt sie eine innere Sicherheit, die ihr Handeln prägt. Der Erzähler ergänzt und kommentiert Enites Äußerungen, auch die Selbstbeschuldigungen, als Ausdruck einer vorbildlichen Gesinnung, die er an den Begriffen *triuwe* und *güete* festmacht. Was Enite in ihren Selbstgesprächen bewegt, die Mischung von

Selbstzweifeln und Selbstgewißheit, wird von diesen Tugendbegriffen nicht vollständig abgedeckt. Die Enite-Darstellung ist gerade dadurch geprägt, daß es neben der begrifflichen Deutungsebene eine zweite Ebene widersprüchlicher Emotionen gibt.

Erec

Hartmann hat die Erecgestalt anders angelegt als Chrétien. Bei Chrétien ist Erec ein junger Mann von 25 Jahren, ein erprobter Ritter der Tafelrunde und ein Mann von großer Vortrefflichkeit, der sich am Artushof eines höheren Ruhms erfreut als jeder andere Ritter. Dies alles teilt der Erzähler bei Erecs erstem Auftritt in einer großen Lobrede mit (81 ff.). Hartmann hat die ganze Rede und alle Aussagen über Erec übergangen. Bei ihm ist Erec ein unerfahrener *jungelinc* (757), der noch keinen ernsthaften Kampf bestritten und an keinem Turnier teilgenommen hat. Als er sich von der Königin verabschiedet, um Iders zu verfolgen, tut es der Königin leid, daß „ein so Junger" (*alsô junger* 145) sich in so große Gefahr begeben will. Vor dem Sperberkampf verspottet ihn Iders mit dem Rat, seine „kindliche Kampflust" (*iuwern kintlîchen strît* 711) zu zügeln.

Diese veränderte Ausgangslage rückt die ganze Handlung in ein anderes Licht. Chrétiens Erec ist am Schluß derselbe wie am Anfang. Hinzugekommen ist seine Herrschaftsfähigkeit, die in Erecs Krönung bestätigt wird. Bei Hartmann dagegen ist Erec am Anfang ein kaum dem Kindesalter entwachsener Jüngling und am Ende ein *wunderaere* (*Êrec der wunderaere* 10045), der in allen Ländern höchsten Ruhm genießt. Hartmanns Erec verändert sich grundlegend im Verlauf der Handlung; er ist am Schluß ein anderer. Seine innere und äußere Wandlung steht bei Hartmann im Mittelpunkt.

Im Anfangsteil gewährt der Erzähler Einblicke in die emotionalen Antriebe, die Erecs Reden und Handeln steuern. Es geht hauptsächlich um *schame* und *prîs*, das heißt um Erecs Ansehen in der Gesellschaft. Für den *jungelinc* Erec geht es darum, sich am Hof zu profilieren. Warum er die erste Gelegenheit dazu, die Jagd auf den weißen Hirsch, ausläßt, wird nicht erklärt. Statt dessen begleitet er die Königin auf einem Spazierritt. Die unerwartete Begegnung mit Iders und seinem Zwerg stürzt Erec in Schmach und Schande: Im Angesicht der Königin entehrt ihn der Geißelschlag des Zwergs. Von hier an bestimmt nur noch ein Motiv sein Handeln: die ihm angetane *schame* zu rächen und *prîs* zu gewinnen. Zunächst erlebt er jedoch nur neue Demütigungen. Er findet in Tulmein kein Quartier und muß in einem *alten gemiure* (252) Unterschlupf suchen, das zu seiner Überraschung bewohnt ist, so daß er schon wieder schamrot wird und um Verzeihung bitten muß, weil er ungewollt den Hausfrieden gestört hat. Am nächsten Tag tritt er in veralteten Waffen gegen einen modern gerüsteten Ritter an und muß dessen Spott erdulden. Den Sperberpreis will er für eine ‚Dame' in zerlumpten Kleidern erstreiten. Bei Chrétien brauchen sich Erec und Enide bei ihrem öffentlichen Auftritt nicht zu schämen. Der französische Erec bietet in Waffen „einen herrlichen Anblick" (769), und Enide wird von den Leuten, trotz ihrer ärmlichen Kleidung, für „die Schönste" (*la plus bele* 758) erklärt, die den Sperberpreis verdiene. Offensichtlich kam es Hartmann darauf an, Erec und Enite öffentlich in Schmach und Schande vorzuführen. Der Sieg über Iders, der Erecs *êre* wiederherstellt, ist ihm noch nicht genug. Er will den *prîs* am Artushof, um die Schmach des Geißelschlags auszulöschen. Deswegen wird Iders als Bote von Erecs Ruhm zu Artus geschickt. Es ist ein Glücksumstand, daß Erecs Rückkehr der Königin vorzüglich in ihren Plan paßt, die Spannungen, die durch die Jagd auf den weißen Hirsch entstanden sind, zu überwinden. Am Artushof kann Enite endlich ihre zerrissenen Kleider ausziehen. Von Ginover in königliche Gewänder gehüllt, ist sie nun unbestritten ‚die Schönste'. Jetzt kann Artus mit Zustimmung aller Enite küssen und dadurch zugleich Erec ehren und das Abenteuer vom weißen Hirsch zu einem glanzvollen Abschluß bringen. Durch seinen überlegenen Sieg im Turnier erweist sich Erec auch am Artushof als der beste Ritter und kann hoch geehrt zusammen mit Enite nach Karnant aufbrechen.

In dieser ganzen Partie scheint Erec nur mit sich selbst beschäftigt zu sein. Auch wenn er einmal an andere denkt, indem er die Feier seines Siegs in Tulmein zu einer Ehrung von Enites Vater gestaltet, trägt das zu seinem Ruhm bei.

Ein einziges Mal begegnet im Anfangsteil ein anderes Handlungsmotiv, das später immer größere Bedeutung gewinnt. Als er Iders besiegt hat, tut Erec so, als wollte er ihn erschlagen (*als er solde erslagen sîn* 953), hat aber in Wirklichkeit mit dem Besiegten Mitleid (*Êrec erbarmde sich dô* 1010) und nimmt von ihm *sicherheit*.

Was mit Erec in Karnant passiert, beschreibt der Erzähler als einen „Wandel“ (*ein wandelunge an im geschach* 2984), der sich darin manifestiert, daß Erec nicht mehr am Hofleben teilnimmt, sondern den ganzen Tag mit seiner Frau im Bett verbringt. Das hat zur Folge, daß „niemand mehr Hochachtung vor ihm haben konnte“ (2972–73). Das Ansehen, das er vorher besaß, *verkêrte sich ze schanden* (2986), und alle halten ihn für „verloren“ (*verdorben* 2982). Alle Freude erstirbt am Hof (*der hof wart aller vreuden bar* 2989).

Das Stichwort für Erecs falsche Haltung heißt *gemach*. Daß er sein ganzes Leben auf *gemach* abgestellt hat (*wie er alle sîne sache wante zuo gemache* 2932–33), bewirkt die *wandelunge* in Karnant. Das Wort *gemach* hat ein breites Bedeutungsspektrum. Es bezeichnet positiv die Annehmlichkeiten des Hoflebens, negativ eine gefährliche Untätigkeit, die moralisches Verderben zur Folge hat. Silvia Ranawake (*verligen* und *versitzen*. Das Versäumnis des Helden und die Sünde der Trägheit in den Artusromanen Hartmanns von Aue [vgl. Lit.verz. Nr. 86]) hat die Bedeutung von *gemach* im „Erec“ von dem lateinischen Begriff *acedia* her erläutert. *acedia* oder *tristitia* galt im Mittelalter als eine der sieben Todsünden. Gemeint war damit eine gefährliche Tatenlosigkeit, die Vernachlässigung der Pflichten und eine Trägheit im Dienst Gottes. S. Ranawake hat mit Recht betont, daß es im „Erec“ nicht um Sünde geht, sondern um ein gesellschaftliches Fehlverhalten: die Verweigerung der Teilhabe am Zusammenleben am Hof und die Verantwortungslosigkeit des Herrschers. Etwa dasselbe meint das französische *recreant* („träge“, „nachlässig“), dessen sich Erec bei Chrétien in Carnant schuldig macht. In den Fürstenspiegeln des 12. Jahrhunderts wird betont, daß die persönliche Vorbildlichkeit des Herrschers die Moral und Kultur am Hof bestimmt. Hartmann hat die gesellschaftliche Verantwortung Erecs in Karnant noch mehr als Chrétien betont, da Erec und Enite im deutschen Text gleich nach ihrer Rückkehr nach Karnant zu Teilhabern an der Königsherrschaft gemacht werden (vgl. S. 34). Erec kann sich als Ehemann und Thronfolger nicht mehr die Freiheiten eines *jungelinc* nehmen, sondern hat Herrscherpflichten zu erfüllen.

In Erecs Fall wird die gefährliche Untätigkeit durch die Liebe zu seiner Frau verursacht. Er verhält sich so, „als ob er niemals ein Mann geworden wäre“ (*als er nie würde der man* 2935). *effeminatio, effeminare* („unmännlich sein“, „verweichlichen“, „wie eine Frau werden“) war der schlimmste Vorwurf, den man gegen einen Herrscher erheben konnte. Er bedeutete, daß der Herr von seinen Begierden beherrscht wurde und seiner Verantwortung für das Gemeinwesen nicht mehr nachkam.

Von dem Moment an, als Erec erfährt, wie man in Karnant über ihn urteilt, gibt er nur noch Befehle. Warum er sich heimlich vom Hof stiehlt, warum er seine Frau auf die Abenteuerfahrt mitnimmt, warum er die eheliche Gemeinschaft aufhebt und ihr verbietet, mit ihm zu sprechen: Auf diese Fragen gibt weder Erec noch der Erzähler eine Antwort. Als er einmal gefragt wird, warum er seine Frau so schlecht behandelt, antwortet Erec nur: „Ich will es so“ (*mîn gemüete stât alsô* 3745). Erecs Verhalten sollte offenbar in wichtigen Punkten mehrdeutig bleiben.

Durch sein *verligen* ist Erec noch tiefer in Schande gefallen als durch den Geißelschlag des Zwergs. Wieder muß das Ziel seines Handelns sein, die Verachtung, die ihm entgegengebracht wird, in neue *êre* und neuen *prîs* zu verwandeln. Wieder glaubt Erec, dieses Ziel am besten durch Kämpfe erreichen zu können.

An die Stelle eines Lebens in *gemach* tritt nun ein Leben in *ungemach*. Als Keiin und Walwan ihn nach der ersten Guivreiz-*âventiure* in die höfische Gesellschaft zurückholen wollen, antwortet Erec: „Ich habe mich jetzt von allem *gemach* abgewendet" (*ich hân ze disen zîten gemaches mich bewegen gar* 4977–78). Der Erzähler bestätigt: „Gefahr und *ungemach* waren sein Teil" (*beide nôt und ungemach was im ze teile getân* 4273–74). Zur Verweigerung jeglichen *gemaches* gehört es, daß er im Wald übernachtet und in adligen Herbergen nur eine Nacht verweilt. Selbst als er schwer verwundet ist, läßt Erec es nicht zu, daß seine Wunden auskuriert werden, sondern setzt sich sofort wieder den Härten der entbehrungsreichen Reise aus: „Wie guten *gemach* es dort auch gab, er fühlte sich da unbehaglich. Der tugendhafte Mann strebte wahrhaftig danach, so schnell wie möglich ohne Obdach im Wald zu sein, allein und ohne allen *gemach*" (7240–47).

Während der *âventiure*-Fahrt steht Enite im Vordergrund. Erst am Schluß der zweiten Grafen-*âventiure* wechselt die Erzählerperspektive zu Erec zurück (vgl. S. 135f.). Auf der Flucht aus Limors kommt es zur Versöhnung des Ehepaars. Der Erzähler gibt die Deutung vor: „Ohne Grund" (*âne sache* 6775) habe Erec seiner Frau die schweren Strafen und Entbehrungen auferlegt (vgl. S. 53). Erec bittet seine Frau um Verzeihung und gelobt ihr Besserung. Anders als bei Chrétien erkennt der deutsche Erec seine alte Haltung als falsch und findet zu einer neuen Haltung.

echt?

Erec muß noch in einem zweiten Punkt seine Einstellung ändern. Als er von Guivreiz im Kampf besiegt wird, bekennt er, er habe wie ein Tor gehandelt (*ich tumber man* 7012): Es sei „große Maßlosigkeit" (*grôze unmâze* 7014) gewesen, daß er jedem, der seinen Weg kreuzte, zum Kampf entgegengetreten sei und daß er allen anderen ihre *êre* wegnehmen wollte, um seinen eigenen Ruhm dadurch zu mehren (7021f.). Diese Rede Erecs hat bei Chrétien keine Entsprechung. Wie sie zu verstehen ist, ist nicht

?

ganz klar. Will Erec sagen, daß die ganze *âventiure*-Fahrt falsch gewesen sei? Oder beziehen sich seine Worte nur auf die zwei Kämpfe gegen Guivreiz? Es ist dies nicht die einzige Frage in bezug auf Erec, die offenbleibt.

Erecs neue Haltung bezeugt sich schon in seinem Auftreten: Lachend und singend reitet er durch Brandigan, wo die Leute schon seinen bevorstehenden Tod bejammern. Gegenüber den Warnungen vor der *âventiure* dort legt Erec eine allen unbegreifliche Unbekümmertheit und Selbstsicherheit an den Tag, die offenbar in seinem Gottvertrauen gründet. Nach dem Kampf, in dem Gespräch mit dem besiegten Mabonagrin, spricht Erec noch einmal von seiner Einstellung zu den Frauen und zur Gesellschaft. Er habe selbst aus Frauenmund gehört – Erec beruft sich hier auf eine Erfahrung, von der die Dichtung nicht erzählt –, daß die Frauen es gerne haben, wenn die Männer nicht immer bei ihnen bleiben, sondern sich ab und zu von ihnen entfernen: Sie wollen, daß man ihnen immer „neu" erscheine (*daz man in niuwe sî* 9430). Die Einsicht, die Erec auf der *âventiure*-Fahrt gewonnen hat, faßt er in die Worte: *bî den liuten ist sô guot* (9438). Von all dem ist bei Chrétien keine Rede. Zielen die merkwürdigen Formulierungen, die der deutsche Erzähler Erec in den Mund legt, darauf ab, daß den Zuhörern Zweifel bleiben sollten an Erecs Einsichtsfähigkeit? Auch diese Frage bleibt offen.

Gegen Ende der Dichtung treten religiöse Motive in der Erec-Darstellung auffallend hervor, die bei Chrétien kein Vorbild haben. (Dafür hat Hartmann die kirchlichen Motive bei Chrétien fast vollständig übergangen.) Bereits im Kampf gegen die Riesen verdankt Erec seinen Sieg dem Beistand Gottes, wie der Erzähler versichert (5560ff.). Der Vergleich mit David und Goliath (5562ff.) läßt Erec geradezu als Gotteskämpfer erscheinen. Als Erec aus dem Scheintod erwacht, schildert der Erzähler ihn mit Worten, die wohl nicht zufällig an die Erweckung des Lazarus anklingen (6669f., vgl. Okken [Lit.verz. Nr. 76], S. 166f.; Scholz [Lit.verz. Nr. 3], S. 865f.). Der Erzähler bittet Gott, Erec und Enite für die Flucht aus Limors ein Pferd zu schicken, eine Bitte, die sofort erfüllt wird. Nach dem zweiten Guivreiz-Kampf deutet der Erzähler Erecs Schicksal im Bild der Rettung aus dem Schiffbruch durch die Gnade Gottes: „Gott und Erecs eigene Tüchtigkeit hatten ihn aus den Wogen der Not an den Strand der Gnade gelangen lassen" (*nû hete in an der genâden sant ûz kumbers ünden gesant got und sîn vrümekeit* 7070–72). Das menschliche Leben als Schiffbruch, aus dem nur Gottes Gnade retten kann, hat in der geistlichen Literatur seinen festen Platz (vgl. Okken, S. 171 ff., Scholz, S. 890). Wahrscheinlich hat auch das Motiv des Scheidewegs (7813 ff.), wo Erec den ‚falschen' Weg wählt, der nach Brandigan führt und der sich für Erec nachträglich als der ‚richtige' Weg erweist, religiöse Bedeutung (vgl. Okken, S. 196 ff., Scholz, S. 931 f.). Erec glaubt jedenfalls, daß Gott ihm diesen Weg gewiesen habe (8527 ff.).

Die christliche Scheideweg-(*bivium*)-Metaphorik geht aus von Matthäus 7,13 f.: In der Bergpredigt spricht Jesus von der Wahl zwischen dem breiten Weg, der ins Verderben führe, und dem engen, der zum ewigen Leben geleite. Nach Ernst Trachsler (Der Weg im mittelhochdeutschen Artusroman [Lit.verz. Nr. 177]) „ist kein Zweifel daran möglich, daß sich Hartmann … unmißverständlich auf die Tradition der *bivium*-Bildlichkeit bezieht" (S. 213). Es ist jedoch zu beachten, daß Erec den „nach christlicher Tradition eindeutig falschen Weg" wählt (ebda, S. 215), da er den breiten Weg nach links einschlägt. Im Zusammenhang mit dem Bild des Scheidewegs hat man auch der Metapher „der Weg des Heils" (*der Saelden wec* 8521) große Bedeutung zugemessen. Da es sich jedoch um eine Konjektur von Fedor Bech handelt (vgl. S. 16), entbehren alle weiterreichenden Folgerungen der Grundlage.

Der besiegte Mabonagrin ist der Überzeugung, Gott habe Erec geschickt, um ihn zu erlösen (9585 ff.). Auch die Leute in Brandigan glauben, daß Erec von Gott gesandt worden sei (9671 f.). Der Erzähler versichert, daß Gott Erec nach Karnant zurückgeführt habe (10054 f.), und er erbittet Gottes Segen für Erecs Königsherrschaft (10072). Immer wieder spricht Erec davon, daß er sich dem Willen Gottes unterwerfe (*ob got wil* 5527, *ob es got geruochet* 8044, *alsô got wil* 8589 usw.). Er bittet Gott um Hilfe (8855ff.), und der Erzähler stimmt in diese Bitte ein (8891f. 9129f.). Zuletzt hebt der Erzähler diese Haltung noch einmal besonders hervor: Erec habe sich so verhalten, wie es die Frommen tun, die Gott für allen Ruhm danken, der ihnen zuteil wird (10085ff.). Dafür habe Gott ihm und Enite die ewige Seligkeit geschenkt (10125ff.).

Zu den religiösen Motiven der Erec-Darstellung gehört auch das Mitleids-Motiv, das seit der Riesen-*âventiure* immer mehr in den Mittelpunkt rückt und zuletzt, mit der Einführung der 80 Witwen, die es bei Chrétien nicht gibt, die Motivation von Erecs Handlungen vollständig beherrscht. Aus dem Erbarmen erwächst Erec die Fähigkeit zur Erlösung, die er in doppelter Funktion ausübt: gegenüber Mabonagrin, den Erec durch seinen Sieg aus der tödlichen Isolierung im magischen Garten erlöst, und gegenüber den 80 Witwen, die Erec aus dem Bann der Trauer erlöst und wieder in die Hofgesellschaft integriert. In beiden Fällen wird dadurch die *vreude* des Hofes restituiert.

Wie diese religiösen Motive zu bewerten sind, ist nicht ganz klar. Der Weg des Menschen in der Welt, und zwar der Weg des adlig-ritterlichen Menschen, der zur Herrschaft bestimmt ist, wird bei Hartmann zu einem übergreifenden Thema. Das Motiv des richtigen und des falschen Weges begegnet im „Erec" an mehreren Stellen. Erec geht offensichtlich falsche Wege, bevor er den für ihn richtigen Weg findet. Die religiösen Motive verdeutlichen, daß der Mensch seinen Weg nur dann findet, wenn er sich der Führung Gottes anvertraut. Der richtige Weg führt den Helden zu höchstem ritterlichen Ruhm und zu einem vorbildlichen Herrschertum im Sinne des *rex iustus et pacificus*-Ideals. Bevor Erec diese Vollendung erreicht, führt sein Weg tief hinein in die Schande und noch tiefer, bis er bereits als tot gelten muß. Der symbolische Name Limors („der Tod") steht für diesen Tief- und Wendepunkt der Erec-Handlung. In gewissem Sinn muß Erec durch den Tod hindurchgehen, bevor er den richtigen Weg findet.

Die Geschichte von Erec geht aber nicht darin auf, daß sie als Exempel gelesen werden kann, auch wenn Hartmann viel getan hat, um entgegen seiner französischen Vorlage eine exemplarische Lektüre zu ermöglichen oder sogar nahezulegen. Erec ist auch eine zweideutige Gestalt, deren Antriebe, Gefühle und Gedanken so weit im Dunkeln bleiben, daß Erecs Auftreten und Handeln an vielen Stellen rätselhaft erscheint (und erscheinen soll). Erec ist eine Figur mit vielen Leerstellen, die sich für kein Programm vereinnahmen läßt. Es bleibt ein unerklärter Rest. Erec gehört damit in die Reihe der problematischen Gestalten, die die höfische Epik so interessant machen.

Das Paar

Chrétiens „Érec et Énide" hat nicht nur einen Helden; der Held ist das Paar. Darin liegt die Ankündigung, daß das Geschlechterverhältnis und die Geschlechterdifferenz ein bestimmendes Thema des Artusromans sein werden. Die besondere Konstellation von „Érec et Énide" ist allerdings nicht zum Vorbild geworden. In keinem anderen Artusroman begleitet eine Frau den Helden auf seiner *âventiure*-Fahrt. Chrétien selbst hat in den drei Artusromanen, die er nach „Érec et Énide" gedichtet hat, diese Konstellation nicht wiederholt.

Das Paar im „Erec" ist ein Ehepaar. Auch das war eine Neuerung. In der älteren Epik spielte das Werbungsmotiv eine große Rolle. Wenn die Ehe geschlossen war, blieb in der Regel nichts mehr zu erzählen. Im „Erec" fängt die Geschichte an dieser Stelle erst richtig an. In der Anfangspartie heiraten Erec und Enite; am Ende hat sich ihre Ehe gefestigt und bewährt. Die Ehe wird besonders in Verbindung mit zwei Themen diskutiert: Liebe und Herrschaft. Am Anfang ist das Ehepaar ein Liebespaar; am Ende erscheint es als Herrscherpaar.

Chrétien hat die Darstellung des Paares kunstvoll angelegt. Erec und Enide werden beide bei ihrem ersten Auftreten mit einer Preisrede eingeführt, in der in beiden Fällen dieselben Akzente gesetzt sind: Schönheit und Vortrefflichkeit (Erec Vers 82 ff., Enide 401 ff.). An Erec wird die ritterliche Tapferkeit besonders gerühmt, an Enide die Scham. Ihr Vater rühmt außerdem ihr „Wissen“ (*ses savoirs* 538) und ihre „edle Gesinnung“ (*franc coraige* 540). Eine erste Beziehung zwischen beiden wird durch die Blicke des Mannes („Erec staunte, als er solche Schönheit an ihr bemerkte“ 448–49) und die schweigende Zustimmung der Frau („die Jungfrau war ganz still, aber auch sie war sehr zufrieden und froh darüber, daß sie ihm gegeben war“ 684–86) zum Ausdruck gebracht. Das fehlt alles bei Hartmann.

Erecs Heiratsmotive haben mit den Heiratsgründen, die im Mittelalter empfohlen wurden, nichts zu tun, sondern erklären sich allein aus der Situation. Weil man im Sperberkampf eine Dame präsentieren muß, braucht Erec eine Frau. Erec ist bereit, dem Vater einen hohen Preis zu bezahlen: das Heiratsversprechen. Im französischen Text trifft Erecs Wunsch bei Enides Vater auf ein gleichgerichtetes Interesse. Er hat schon mehrere Werber abgewiesen und wartet auf einen hochadligen Interessenten. Deswegen geht er ohne Zögern auf Erecs Vorschlag ein. Auch Enide ist „sehr zufrieden und froh“ (685) bei der Aussicht, durch die Ehe mit Erec „eine mächtige Königin“ (*riche reine* 690) zu werden. Im deutschen Text hält Koralus Erecs Werbung für einen Scherz und muß erst vom Ernst von Erecs Absicht überzeugt werden. Von Enites Reaktion ist bei Hartmann nicht die Rede. Dynastische Interessen spielen bei dieser Eheschließung keine Rolle. Auch die Sicherung der Herrschaftsfolge durch die Erzeugung von Nachkommen ist ausgeblendet. Auf dem Weg zum Artushof führt die gegenseitige Bewunderung bei Chrétien zum ersten Kuß. Erec „konnte nicht genug tun, sie anzuschauen: Je länger er sie ansah, desto mehr gefiel sie ihm, er konnte nicht anders, er mußte sie küssen … Aber nicht weniger bewunderte das Fräulein den Krieger, gern und aus treuem Herzen, so wie er es nach seinem Belieben bei ihr tat“ (1466–68. 78–81). Das hat Hartmann übergangen. Ebenso, was Chrétien über die Übereinstimmung der beiden sagt: „Sie waren einander ganz gleich und ebenbürtig an höfischem Wesen, an Schönheit und hohem Adel. Sie stimmten in ihrer Natur, ihrem Wesen und ihrer ganzen Art so überein, daß niemand, der die Wahrheit sagen wollte, ein besseres Paar hätte erwählen können oder ein schöneres und klügeres. Sie hatten genau die gleiche Weise zu denken und paßten wunderbar zusammen" (1484–93).

Hartmann hat diesen ganzen Passus übergangen, ebenso wie die parallel geführten Lobreden bei der Einführung der beiden Gestalten. Auch der deutsche „Erec" ist ein Ehe-Roman, auch hier sind Erec und Enite zuerst ein Liebespaar und zuletzt ein Königspaar. Der Paar-Gedanke spielt jedoch in Hartmanns Dichtung eine geringere Rolle als bei Chrétien. Bei der Einführung Erecs sagt der deutsche Erzähler, daß „seinetwegen die Dichtung begonnen wurde" (*durch den diu rede erhaben ist* 4). Es ist nicht falsch, wenn man sagt: Hartmann hat aus dem Paar-Roman einen Erec-Roman gemacht.

Krasser als bei Chrétien äußert sich die Liebe der beiden im sinnlichen Verlangen. Beide können den körperlichen Vollzug der Ehe kaum erwarten; aber die Schilderung der Hochzeitsnacht hat Hartmann übergangen (vgl. S. 30f.).

Die eheliche Liebe, die Erec und Enite in Karnant praktizieren, scheint fast eine Parodie auf die zeitgenössische Ehe-Theologie zu sein, der zufolge eins der höchsten ‚Güter' der Ehe ihre Wirkung als *remedium*, als ein „Heilmittel" gegen übermäßiges sexuelles Verlangen sein sollte (vgl. Michael Müller [Lit.verz. Nr. 168], Hans Zeimentz [Lit.verz. Nr. 181], Rudolf Weigand [Lit.verz. Nr. 179], Christopher N. L. Brooks [Lit.verz. Nr. 151], Rüdiger Schnell [Lit.verz. Nr. 173]). Nicht komisch ist ein solches Verhalten jedoch, wenn es vom Mitregenten und seiner Frau ausgeübt wird; denn diese sollten dem Hof ein Vorbild sein.

Die nächste Stufe der ehelichen Paar-Beziehung ist noch problematischer. Als Antwort auf den Verlust seines Ansehens in

Karnant suspendiert Erec die ehelichen Rechte und Pflichten. Die Maßnahme trifft vor allem die Ehefrau hart. Die einseitige Entscheidung Erecs beleuchtet eine neue Seite ihrer Ehe: die Ehe als ein Gewalt-Verhältnis. Der Ehemann gibt die Befehle, die Ehefrau muß gehorchen. Wie weit die Grenzen der ehelichen Gewalt reichen, wird im Verlauf der Handlung ausgelotet. Besonders aufschlußreich ist die zweite Grafen-*âventiure*. Graf Oringles organisiert eine überstürzte kirchliche Trauung mit Enite und betrachtet sich danach als ihr rechtmäßiger Ehemann. Als der Hof in Limors sein rabiates Vorgehen gegen Enite tadelt, weist Oringles bei Chrétien und bei Hartmann die Kritik zurück mit dem Argument: „Niemand hat das Recht, darüber Schlechtes oder Gutes zu reden, was ein Ehemann mit seiner Ehefrau tut" (6543–45). Das bringt die Tadler zum Schweigen. Erec und Oringles praktizieren eine Eheauffassung, die mit der gelehrten Ehelehre und der adligen Praxis übereinstimmt.

Anders als bei Chrétien bittet der deutsche Erec seine Frau um Verzeihung für die harte Behandlung. Dennoch bleibt auch bei Hartmann das Herrschaftsverhältnis in der Ehe bestehen.

Die *âventiure*-Fahrt ist eine Probe auf die Ehe, eine Erprobung des Paares. Für Erec besteht die *âventiure*-Fahrt aus einer Kette von Kämpfen. Bei näherem Hinsehen bemerkt man, daß die meisten Kämpfe keine echte Probe auf Erecs Rittertüchtigkeit sind. Die Räuber sind schlecht bewaffnet (3226ff.) und sind in der *tjoste* gegen den hoch gerüsteten Erec chancenlos. Der erste Graf ist ebenfalls nur mit Schwert und Schild bewaffnet (4213) und ist in diesem Zustand für Erec kein gleichwertiger Gegner. Die Riesen haben keine Waffen außer ihren Keulen. Damit können sie jeden totschlagen. Wer aber geschickt vorgeht, kann sie mit dem Schwert erlegen. Der einzige Gegner, der für Erec eine echte Herausforderung darstellt, ist der kleine Guivreiz; und das nur beim ersten Kampf. Wenn sie zum zweiten Mal zusammentreffen, ist Erec von den Wunden aus dem ersten Kampf so schwach, daß er gleich bei der ersten *tjost* kampfunfähig liegen bleibt. Der kleine König begrüßt den fremden Ritter freundlich in seinem Land und fordert ihn dann zum Kampf heraus. Erec antwortet ihm *durch sînen spot* (4348).

Wie diese Worte zu verstehen sind, ist strittig (vgl. den Kommentar von Scholz [Lit.verz. Nr. 3], S. 792). Vor allem ist unklar, ob *sînen* auf Erec zu beziehen ist („im Scherz") oder auf Guivreiz („um sich über ihn lustig zu machen"; ich halte die zweite Lesung für richtig). Jedenfalls ist das, was Erec dann sagt, nicht ernstgemeint, wenn er den Wunsch ausspricht, Gott möge verhüten, daß der König einen Verstoß gegen seine *triuwe* begehe, indem er seine Waffen gegen einen Ritter erhebe, den er zuvor begrüßt habe (4349ff.).

Ich glaube nicht, daß aus diesen Worten zu lesen ist, daß Erec sich dem Kampf verweigern möchte. Sein Sieg bestätigt seine ritterliche Überlegenheit. Seine Rittertüchtigkeit, die er schon im Kampf gegen Iders bewiesen hatte und die er zuletzt im Kampf gegen Mabonagrin noch einmal unter Beweis stellt, steht im Grunde niemals wirklich in Frage. Was erprobt wird, ist eher, wie Erec sich unter *âventiure*-Bedingungen bewährt, sowohl gegenüber den Herausforderungen der *âventiuren*, die ihm begegnen, als auch in seiner Paar-Beziehung, als Ehemann. Nach außen scheint es wichtiger, daß er Herrschertugenden unter Beweis stellt. Er tötet und vertreibt die Räuber und macht die Wege im Land sicherer. Er tötet die Riesen und befreit so das Land von bösartigen Unwesen. Er tötet oder verwundet zwei Grafen, die sich als unwürdige Mitglieder der Adelsgesellschaft erwiesen haben, und schafft so dem Recht Geltung. Mit den einzigen gleichwertigen Gegnern, Guivreiz und Mabonagrin, schließt er Freundschaft und trägt auch dadurch zur Friedenssicherung bei. Auf allen Stationen der *âventiure*-Fahrt legt Erec verantwortungsbewußtes Herrscher-Handeln an den Tag. Als Ehemann macht er auf der Fahrt einen Lernprozeß durch, jedenfalls bei Hartmann. Er muß lernen, daß die männliche Führungsrolle in der Ehe nicht willkürliche Gewalt rechtfertigt. Wie Erec zu dieser Einsicht gelangt, läßt der Text weitgehend im Dunkeln.

Die Erprobung Enites faßt Erec in die Worte: „ob sie eine richtige Ehefrau für ihn wäre" (*ob si im waere ein rehtez wîp* 6782). Bei Chrétien hat Erec sich überzeugt, „daß Ihr mich aufs vollkommenste liebt" (4887). Die gegenseitige Liebe ist das, was die Paar-Beziehung auszeichnet. Bei Hartmann steht Enites Liebe nie in Frage. Hier geht es mehr um die eheliche Mitverantwortung der Frau. So gesehen können fast alle *âventiuren* als Proben für Enite gelesen werden. Bei der Begegnung mit den Räubern, mit dem ersten Grafen und mit Guivreiz steht Enite jedes Mal vor dem Problem, ob sie Erecs Redeverbot mißachten soll, um ihn zu warnen, oder ob sie ihm gehorchen und schweigen soll. Das ist für Enite eine Entscheidung auf Leben und Tod (vgl. S. 114). Sie entscheidet sich immer für den eigenen Tod und für den ehelichen Ungehorsam. Das ist die richtige Entscheidung. Die beiden Grafen-*âventiuren* sind reine Enite-*âventiuren*. In der ersten weiß Erec nicht, was um ihn herum geschieht; in der zweiten ist er nur als Scheintoter anwesend. In der zweiten Grafen-*âventiure* entscheidet Enite sich dafür, daß die Ehebindung an Erec auch über seinen Tod hinaus bestehen bleiben soll. Die Ehe mit Erec ist für Enite das Gut, auf das sie ihr ganzes Leben hinordnet. Das erweist sich als der richtige Beitrag der Ehefrau zur Sicherung einer vorbildlichen Paar-Beziehung.

Bei Chrétien konstituiert sich das vorbildliche Ehepaar zuletzt als Herrscherpaar. Bei Hartmann hat dieser Aspekt nicht dasselbe Gewicht, weil Erec und Enite schon vorher zu Mitherrschern erhoben worden sind. Im deutschen Text bildet der Ausblick auf die ewige Seligkeit des Ehepaares den krönenden Abschluß.

Das Fundament der Ehe ist im „Erec" die Liebe. Wie die Schönheit hat die Liebe zwei Gesichter: Sie kann eine Gefahr für die Ehe sein; andererseits ist sie, begrifflich als *triuwe* gefaßt, die Basis der Ehe. Das scheint im Gegensatz sowohl zur theologischen Ehelehre als auch zur adligen Lebenspraxis zu stehen. In der Praxis war die Ehe vor allem ein Instrument der Herrschaftssicherung oder -erweiterung oder der Allianz-Bildung. In der Ehe-Theologie hat sich im 12. Jahrhundert die Vorstellung durchgesetzt, daß der *consensus*, die „Zustimmung“ der beiden Ehepartner, der Ehe-begründende Faktor sei. Auch wenn die Zustimmung der Frau vom Vater oder einem anderen männlichen Verwandten der Braut abgegeben wurde, so gewann doch der Gedanke, daß die Ehe auf einer Übereinstimmung von Mann und Frau beruhe, immer mehr Gewicht. Man kannte auch den Begriff der „ehelichen Liebe“ (*maritalis affectio*, Andreas Capellanus: De amore [Lit.verz. Nr. 127], S. 141); und unter den von den Theologen genannten Ehemotiven begegnet auch „die Freundschaft zwischen Mann und Frau, die aus der ehelichen Gemeinschaft erwächst“ (Walter von Mortagne: De sacramento conjugii [Lit.verz. Nr. 147], Sp. 157). In einem anonymen Ehetraktat des 12. Jahrhunderts wird die „gegenseitige Liebe“ (*mutua dilectio*) als wichtiges Element des Ehe-Konsenses genannt (Sacramentum coniugii non ab homine [Lit.verz. Nr. 128], S. 42, Anm. 3). Hugo von St. Victor hat die „eheliche Liebe“ (*amor conjugalis*, Epistola de virginitate beatae Mariae [Lit.verz. Nr. 143], Sp. 876) sogar in den Mittelpunkt seiner Ehelehre gestellt.

Die Liebes- und Ehedarstellung des ersten Artusromans geht jedoch weit über die Position der zeitgenössischen Ehelehre hinaus. Im Mittelpunkt des höfischen Ehebildes steht der Gedanke, daß der Ritter und angehende Herrscher durch die Liebe seiner Frau und durch seine Liebe zu ihr zu großen Taten und zu tugendhaftem Verhalten angeregt wird. Eine Formulierung fand dieser Gedanke bereits vor 1150 in der „Geschichte der britischen Könige“ von Geoffrey von Monmouth. In der Schilderung des prächtigen Pfingstfests, das König Arthur nach der Unterwerfung ganz Europas feiert, heißt es: „Jeder Ritter, der in dem Land wegen seiner Tapferkeit berühmt war, trug Tracht und Waffen in einer einzigen Farbe. Höfische Damen hatten völlig ähnliche Kleider und hielten es für ehrenvoll, ihre Liebe keinem Mann zu schenken, der sich nicht dreimal im Ritterdienst erprobt hatte. So wurden die Frauen züchtig und immer tugendhafter, und die Ritter infolge ihrer Liebe immer tüchtiger" (Historia regum Britanniae IX, 13f. [Lit.verz. Nr. 134], S. 164; Übs. von Karl Langosch [Lit.verz. Nr. 135], S. 38).

Im „Erec" wird eine solche ‚Zusammenarbeit' von Mann und Frau an mehreren Stellen vorgeführt, am deutlichsten in Joie de la curt. Erecs Gedanke an seine Frau und ihr liebendes Sorgen um das Heil des Mannes begegnen sich und bewirken zusammen, daß Erec vollbringt, was noch keiner geschafft hat.

Auf die Frage, worin die eheliche Liebe besteht, erhält man nur in bezug auf Enites Part eine genauere Antwort. Die eheliche Liebe der Frau ist die vollständige Hinordnung des eigenen Lebens auf den Mann bis zur Selbstaufgabe, ist Gehorsam, Ergebenheit und Bewunderung, aber auch Mitverantwortung und Einsatzbereitschaft für das Wohl und Wehe des Mannes. Die eheliche Liebe des Mannes ist weit weniger deutlich. Sie umfaßt körperliche Gemeinschaft, soweit das den gesellschaftlichen Verpflichtungen keinen Abbruch tut, Hochachtung, Dienstbereitschaft, soweit die Herrscheraufgaben das erlauben, und eine innere Bindung, die nicht genauer beschrieben wird. Von Gleichberechtigung kann keine Rede sein; von Partnerschaft nur in sehr eingeschränktem Sinn. In der Ehe bleibt der Mann der bestimmende Teil.

Wie das Ehepaar aus einem Liebespaar zu einem Herrscherpaar wird, das ist bei Chrétien das Thema der Dichtung. In der gemeinsamen Krönung Erecs und Enides am Artushof findet dieses Konzept seinen Abschluß. Auch bei Hartmann sind Erec und Enite zuletzt ein ideales Herrscherpaar. Erecs segensreiche Herrschaft wird sogar ausführlicher beschrieben als bei Chrétien. Aber Chrétiens Kompositionsgedanken, daß das Liebespaar zum Herrscherpaar wird, hat Hartmann nicht übernommen. Im deutschen Text wird Erec bereits am Anfang an der Herrschaft beteiligt (vgl. S. 34), so daß Erec und Enite seitdem „König" (6763) und „Königin" (3365) genannt werden können. Außerdem wird bei Hartmann zuletzt nur Erec gekrönt; von Enite ist nicht die Rede. Das Gemeinsame von Erec und Enite ist die Begnadung durch Gott.

6. Reden und Schweigen

Wenn man sagt, daß Reden und Schweigen das Hauptthema des „Erec" ist, dürfte man heute kaum noch Widerspruch finden. Uwe Ruberg war 1978 der erste, der die Kontinuität dieser Thematik durch die ganze Dichtung hindurch verfolgt hat (Lit.verz. Nr. 88, S. 174ff.). Bruno Quast (Lit.verz. Nr. 83), Haiko Wandhoff (Lit.verz. Nr. 104) und Britta Bussmann (Lit.verz. Nr. 19) sind ihm zuletzt auf diesem Weg gefolgt. Interessante Beobachtungen zum Zusammenhang zwischen Sprache und Wahrnehmung im „Erec" finden sich bei Susan L. Clarc (Lit.verz. Nr. 20). Verbale Kommunikation spielt in allen höfischen Romanen eine wichtige Rolle. In keinem anderen Epos bestimmt dieses Thema jedoch die ganze Dichtung wie im „Erec".

Die Problematik von Reden und Schweigen wird im „Erec" auf zwei Ebenen verhandelt: auf der Handlungsebene und in den Erzählerreden. Im Mittelpunkt steht das Redeverbot, das Erec seiner Ehefrau beim Aufbruch zur *âventiure*-Fahrt auferlegt.

Erecs Redeverbot

Weder Erec noch der Erzähler geben eine Erklärung dafür, warum Enite die schwere Bürde des Schweigens tragen muß, nicht bei Chrétien und auch nicht bei Hartmann. Bei Chrétien wird der Eindruck erweckt, daß Erec auf diese Weise seine Frau bestrafen will für die voreilige *parole*, deren sie sich in Carnant schuldig gemacht hat.

Offenbar steht das Redeverbot in engem Zusammenhang mit dem Befehl Erecs, daß Enite vorausreiten soll. Bei Chrétien heißt es: „Er sprach zu ihr: ‚Reitet rasch vorwärts und hütet Euch, daß Ihr nicht so vermessen seid, wenn Ihr irgend etwas seht, mich darauf hinzuweisen und zu sagen, was es ist! Sprecht nicht zu mir, wenn ich Euch nicht vorher anrede!'" (2764–69). Wenn Enide vorausreitet, muß sie das, was ihnen auf dem Weg begegnet, früher sehen als Erec; und davon soll sie ihm nichts sagen. Das Redeverbot beschränkt sich also bei Chrétien auf die Kommunikation mit dem Ehemann. Wie sich dann zeigt, wird das Redeverbot nur wenige Tage aufrechterhalten. Bereits auf der dritten Station, in der ersten Guivret-*âventiure*, verzichtet Erec bei Chrétien auf eine Bestrafung seiner Frau, als sie wieder zu ihm spricht; und von da an wird das Redeverbot nicht mehr erwähnt. Nach dem unfreiwilligen Aufenthalt am Artushof sind die *âventiuren* so aufgebaut, daß sich für Enide keine Gelegenheit mehr ergibt, Erec zu warnen.

Hartmann hat die Bedingungen verschärft. Auch im deutschen Text stehen Redeverbot und räumliche Trennung der Eheleute in engem Zusammenhang. Bei Hartmann droht Erec seiner Frau mit dem Tod (*bî dem lîbe* 3095), wenn sie seinem Befehl nicht gehorche. Sie soll nicht nur nicht zu Erec sprechen, sondern überhaupt „den Mund nicht aufmachen" (*daz ze sprechenne ir munt … iht ûf kaeme* 3099–3100): eine ausgesprochen unfreundliche Formulierung! Die Androhung des Todes dient offenbar dazu, es Enite noch schwerer zu machen, das Verbot zu übertreten. Der Gedanke, daß ihr Leben gegen Erecs Leben steht, spielt später in Enites Überlegungen eine große Rolle. Enite nimmt diese Drohung ganz ernst. Ob sie auch von Erec ganz ernst gemeint ist, bleibt offen. Auch bei Hartmann wird das Redeverbot nach der ersten Guivreiz-*âventiure* nicht mehr erwähnt. Das Gebot, den Mund zu halten, ist wohl auch nicht wörtlich gemeint. Denn Erec scheint nichts dagegen zu haben, daß Enite ein längeres Gespräch mit dem ersten Grafen führt.

Redeverbote waren in der Kloster-Literatur üblich; man trifft sie auch in der weltlichen Didaktik, zum Beispiel wenn es um das Auftreten von Kindern in der Gesellschaft geht. Eine besondere Bedeutung haben Redeverbote im Geschlechterverhältnis. Im Mittelalter war die Frau eine „Frau ohne Stimme“ (Georges Duby [Lit.verz. Nr. 154). Im „Erec“ dokumentiert das Redeverbot die fast unbeschränkte Verfügungsgewalt des Ehemanns über die Ehefrau. Wenn er sie mundtot macht, entmündigt er sie und nimmt ihr ihre Identität. Im „Erec“ liegt der Akzent jedoch nicht auf dem Verbot, sondern darauf, wie Erec und Enite damit umgehen.

Als Enite zum ersten Mal das Redeverbot übertritt, beschimpft und bedroht Erec sie und macht sie zur Strafe zum Pferdeknecht. Als sich zum zweiten Mal die Gelegenheit zum ehelichen Ungehorsam ergibt, beim Zusammentreffen mit der zweiten Räuber-Gruppe, verstellt sich Erec bei Chrétien vor seiner Frau: „Erec sah ihn [= den Räuber], tat aber so, als hätte er ihn noch nicht bemerkt“ (2957–58), offenbar um festzustellen, ob Enide wieder seinem Verbot zuwiderhandelt. Es sieht so aus, als ob Erec Enide geradezu dazu einlädt, ihm nicht zu gehorchen, weil das ein Beweis ihrer Liebe wäre. Als Enide zum dritten Mal das Verbot übertritt, in der ersten Grafen-*âventiure*, gibt es bei Chrétien keine Strafe und keinen Tadel mehr. Im Gegenteil, Erec freut sich darüber. „Da merkte Erec, daß sich seine Frau in ihrer Treue ihm gegenüber gut bewährte“ (3480–81). Spätestens hier ist klar, daß das Redeverbot bei Chrétien keine Strafe für Enides fatale *parole* ist, sondern eine Probe auf die Liebe und Treue der Ehefrau, und daß Erec gar nicht will, daß sie ihm gehorcht, sondern nur darauf wartet, daß sie sein Verbot übertritt (vgl. B. Quast [Lit.verz. Nr. 83], S. 171; B. Bussmann [Lit.verz. Nr. 19], S. 18).

Hartmann hat das ganz anders gefaßt. Im deutschen Text gibt es keinen Hinweis, daß Erec seiner Frau etwas vormacht, um sie zur Übertretung des Redeverbots zu bewegen. Noch in der ersten Grafen-*âventiure* dominiert Erecs Zorn: „Sein Zorn wurde groß und heftig und noch grimmiger als zuvor“ (4263–64). Das soll sicherlich kein gespielter Zorn sein.

Die Ambraser „Erec"-Handschrift weist am Anfang der ersten Guivreiz-*âventiure* eine Lücke auf (nach Vers 4317, vgl. Kurt Gärtner [Lit.verz. Nr. 115]), S. 360ff.), in der wahrscheinlich Enites Warnung vor dem angreifenden Guivreiz gestanden hat. Deswegen ist nicht auszumachen, ob Hartmann an dieser Stelle Chrétien gefolgt ist, der hier Enides Dilemma mit besonderer Ausführlichkeit geschildert hat (3701ff.). Wir wissen auch nicht, ob Erec bei Hartmann Enites Warnung mit neuen Drohungen beantwortete. Der überlieferte Text sagt nichts über Erecs Reaktion. Wie bei Chrétien ist auch bei Hartmann in der ersten Guivreiz-*âventiure* zum letzten Mal von Erecs Redeverbot und Enites Warnungen die Rede.

Was sich bereits auf den ersten Stationen der *âventiure*-Fahrt abzeichnet, bestätigt sich bei der Versöhnung der Eheleute: Das Redeverbot war keine Strafe, sondern eine Probe. Bei Chrétien sagt Erec: „Meine liebe Schwester, ich habe Euch voll und ganz geprüft ... Ich bin ... gewiß und überzeugt, daß Ihr mich aufs vollkommenste liebt" (4882–83. 86–87). Ebenso bei Hartmann in indirekter Rede: *ez was durch versuochen getân ob si im waere ein rehtez wîp* (6781–82). Bei Chrétien ist es eine Liebesprobe, bei Hartmann eine Eheprobe. Keiner der beiden Dichter scheint das Recht des Ehemanns, seine Frau so harter Prüfungen zu unterziehen, in Frage zu stellen.

Das Wichtigste am Redeverbot war offenbar für beide Dichter, wie Enite damit umgeht. Während sie alle anderen Bürden, die Erec ihr auferlegt, wortlos und klaglos erträgt, kann Enite das Redeverbot nicht akzeptieren. Fünfmal verstößt sie gegen dies Gebot (zweimal in der Räuber-*âventiure*, zweimal in der ersten Grafen-*âventiure* und einmal in der ersten Guivreiz-*âventiure*); jedesmal warnt sie ihren Ehemann vor einer drohenden Gefahr. Jedesmal geht der Warnung ein innerer Kampf voraus. Enite will gehorsam sein, aber sie weiß, sie darf es nicht, wenn Erecs Leben davon abhängt, ob sie spricht. Dabei wird das, was sie nötigt, Erecs Gebot zuwiderzuhandeln, auf den Begriff gebracht: Es geschieht *durch triuwe* (3184. 3415, vgl. 3262); *als si betwanc der Triuwen bant* (4145). *triuwe* meint hier offenbar eine eheliche Liebe, die eine eheliche Mitverantwortung der Frau einschließt, wenn es um das Leben und das Heil des Ehemannes geht.

Erecs Redeverbot und Enites Reaktion darauf bringen einige grundsätzliche Aspekte des Redens und Schweigens zur Sprache.

Reden und Schweigen im Geschlechterverhältnis

Der Mann redet, die Frau schweigt. Diese Rollenverteilung hat das Geschlechterverhältnis in der abendländischen Gesellschaft bestimmt. Reden steht für Macht, Selbstbewußtsein, Persönlichkeit; Schweigen für Gehorsam und Minderwertigkeit. „Die Frauen sollen in den Gemeinden schweigen" (*Mulieres in ecclesiis taceant* [1. Korinther 14,34]). Dieses Paulus-Wort hatte nicht nur den Ausschluß der Frauen aus der kirchlichen Hierarchie zur Folge, sondern konnte auch als Rechtfertigung dafür gelten, daß die Frauen aus allen Bereichen des öffentlichen Lebens ausgeschlossen wurden. Im privaten Bereich unterstanden die Frauen der Hausgewalt des Vaters oder des Ehemanns, die ihnen verbieten konnten zu sprechen. Auch in der höfischen Gesellschaft galt das Schweigen der Frau als Ausweis ihrer Tugendhaftigkeit. „Eine junge Dame soll kaum etwas sagen, wenn sie nicht gefragt wird. Eine erwachsene Dame soll auch nicht viel sprechen, wenn sie mir glauben will" (*ein juncvrouwe sol selten iht sprechen, ob mans frâget niht. ein vrouwe sol ouch niht sprechen vil, ob si mir gelouben wil*, Thomasin von Zerklaere: Der Welsche Gast, 465–68).

Dieses Schema wird in der höfischen Dichtung aufgebrochen. Im Minnesang ist es die Frau, die dem Mann das Sprechen und Singen verbietet, wenn ihr sein Werben ungebührlich erscheint. „Fände sie an meinem Gesang Gefallen, dann sänge ich für sie; so aber hat sie es verboten und gesagt, mein Schweigen sei für sie besser" (*Waer ir mit mînem sange wol, sô sunge ich ir. sus verbôt siz mir, und ir taete mîn swîgen baz*, Heinrich von Morungen, MF 123,22–25 [Lit.verz. Nr. 140], S. 24). Es ist die Gewalt der *Minne*, die den Mann in ihren Bann schlägt und der Dame die Macht verleiht, dem Mann das Reden und Singen zu verbieten.

Chrétien und Hartmann kannten beide Modelle. Sie haben nicht das eine gegen das andere ausgespielt, sondern haben an dem Problem des geschlechtsspezifischen Sprechens weitergearbeitet. Im „Erec" wird die traditionelle Vorstellung, daß die Frau in der Ehe der Befehlsgewalt des Mannes unterworfen ist, nicht in Frage gestellt. Aber am Redeverbot des Ehemannes wird das Geschlechterverhältnis neu definiert. Enite bleibt die demütig liebende und gehorsame Ehefrau. Das Redeverbot angesichts drohender Gefahr für den Ehemann stürzt sie in einen Konflikt, den sie schmerzvoll durchleidet. Aus dem Dilemma, dem Ehemann in allem gehorsam sein zu wollen, und der Sorge um das Leben des Ehemannes, befreit sie sich durch den Entschluß, ihr eigenes Leben aufs Spiel zu setzen, das Verbot zu brechen und zu sprechen. Chrétien hat in seinem ersten Artusroman programmatisch vorgeführt, wie die Frau sich zur Sprache durchringt, wie sie eine eigene Stimme gewinnt. Das ist vielleicht die wichtigste Botschaft der Dichtung. Durch Enides Stimme wird die eheliche Paarbeziehung auf eine neue Stufe gestellt. Indem die Frau ihre Stimme der ehelichen Befehlsgewalt des Mannes entzieht, erlangt sie eine eigene Würde und einen eigenen Status.

Chrétien hat dem Ringen um die eigene Stimme noch einen besonderen Akzent gegeben, indem er Erec gleich am Anfang der *âventiure*-Fahrt nur so tun läßt, als begebe er sich ahnungslos in eine große Gefahr (vgl. S. 39). Man kann auch sagen: Erec inszeniert eine Situation, die den Konflikt auslöst, durch den Enide zum Reden gelangt. Wenn Erec dann in der ersten Guivret-*âventiure* die Mißachtung des Redeverbots nicht mehr tadelt, sondern sich darüber freut, weil Enides Sprechen ihm ihre Liebe bezeugt (vgl. S. 43), möchte man fast sagen, daß Erec durch sein Redeverbot seiner Frau dabei hilft, ihre eigene Stimme zu finden.

In diesem Punkt ist Hartmann seiner Vorlage nicht gefolgt. Die Hauptsache, daß die Frau durch das Verbot zur Stimme gelangt, hat er jedoch von Chrétien übernommen. Neu ist im deutschen „Erec“, daß Guivreiz Enite an ihrer Stimme erkennt (6957f.). Das ist ein bedeutsames Motiv, weil dabei die Identifizierung der Person über die Stimme erfolgt. Durch ihre Stimme gewinnt Enite ihre Identität (zum Zusammenhang von Stimme und Identität vgl. Rodney Fisher [Lit.verz. 28]).

Früher war erzählt worden, daß Gawein Erec an der Stimme erkennt (4854ff.). Auch das fehlt bei Chrétien.

Neu ist bei Hartmann weiter, daß auch der unartikulierten Stimme eine wichtige Rolle zukommt. Zweimal hat Enites Schrei eine lebensbewahrende Wirkung. Das erste Mal schreit sie (*vil lûte schrê diu guote* 4425), als Erec im ersten Kampf gegen Guivreiz zu unterliegen droht. Ihr Schrei bewirkt, daß Erec alle Kräfte zusammennimmt und mit einem gewaltigen Schlag Guivreiz zu Boden streckt. Das zweite Mal schreit Enite in Limors (*si vil dicke schrê* 6604) und ruft in ihrer Not den ‚toten‘ Erec zu Hilfe. Ihr Schrei weckt Erec aus seiner Ohnmacht; das erste, was er tut, ist, daß er Enites Peiniger totschlägt. Beide Schreie fehlen bei Chrétien.

Auf der *âventiure*-Fahrt, als ihr das Sprechen verboten ist, beweist Enite ein erstaunliches Redegeschick, vor allem in den beiden Grafen-*âventiuren*. In beiden Fällen wehrt Enite sich verbal gegen die Zudringlichkeiten der Grafen. Als ihre Ablehnungen ohne Wirkung bleiben (der zweite Graf tut ihre Reden als Frauengeschwätz ab: *diu wîp suln reden alsô* 6303), greift Enite zu anderen verbalen Mitteln: zur listenreichen Sprache der Täuschung und zur Sprache der Provokation. Im Gespräch mit dem ersten Grafen wechselt Enite in dem Moment, als sie merkt, daß der Graf es ernst meint mit seiner Drohung, Erec umzubringen, die Redestrategie: „Sehr liebevoll sah sie ihn an, den heimtückischen Mann, und lachte mit gekonnter List“ (3840–42). In erlogener Rede weiß sie ihre elende Lage – ihr Mann habe sie mit Gewalt entführt und seitdem malträtiert – und ihre Bereitschaft, sich dem Grafen hinzugeben, so überzeugend darzustellen, daß der Graf die Täuschung nicht bemerkt und gerne auf ihren Plan eingeht, Erec am nächsten Morgen zu beseitigen. Das gibt Enite Zeit, Erec zu warnen und mit ihm zusammen aus der Stadt zu fliehen.

In der zweiten Grafen-*âventiure* widersetzt Enite sich dem Werben des Grafen so lange, bis der Graf die Beherrschung verliert und sie schlägt und beschimpft (6515ff.). An dieser Stelle unterbricht der Erzähler seinen Bericht und macht seine Zuhörer auf Enites Reaktion aufmerksam (6551ff.). Ihre Klage schlägt in Freude um, weil Enite in der Gewaltanwendung des Grafen eine Chance sieht, von ihm totgeschlagen zu werden. Seitdem sie Erec für tot halten mußte, hatte sie nur den Wunsch, ihm nachzusterben. Deswegen redet sie jetzt immer provozierender, bis der Graf sie zum zweiten Mal schlägt, *unz er si anderstunt sêre sluoc an den munt* (6578–79). Die Schläge sollen sie mundtot machen. Statt dessen fängt Enite so laut an zu schreien, daß Erec davon aus seiner Ohnmacht erwacht.

Enites Redegewandtheit ist sicherlich nicht in erster Linie ein Zeugnis weiblicher Eloquenz, sondern verdankt sich ihrem inneren Antrieb. Die Liebe zu ihrem Ehemann verleiht ihr die Fähigkeit, so zu sprechen. In der ersten Grafen-*âventiure* ist es die Sorge um sein Leben; in der zweiten ist es ihr Wunsch, auch im Tod mit Erec vereint zu sein. Eheliche Liebesbindung und Sprechverhalten stehen bei Enite in engster Beziehung.

Das gilt nicht nur für die Art und Weise ihres Sprechens; auch wann, zu wem und wieviel sie spricht, ist daher bestimmt. Überschaut man den Gesamtbestand ihres direkten Sprechens im ganzen Text und die Verteilung auf die verschiedenen Teile der Dichtung, so ergibt sich ein paradoxer Befund. Im Anfangsteil, bis zum Aufbruch vom Artushof (knapp 3000 Verse), spricht Enite bei Hartmann in direkter Rede nur vier Worte (322), mit denen sie ihrem Vater ihren Gehorsam bezeugt. Dazu kommt eine Gedankenrede von drei Versen. Im großen Mittelteil, der *âventiure*-Fahrt bis zur zweiten Guivreiz-*âventiure*, spricht Enite 216 Verse in direkter Rede (53 Verse zu Erec, 110 Verse zum ersten Grafen, 42 Verse zum zweiten Grafen und 11 Verse zu Guivreiz). Dazu kommen ein paar kürzere Reden. Außerdem hält Enite lange Monologe und Gedankenreden. Im Schlußteil, von Joie de la curt an (gut 2000 Verse), sagt Enite kein Wort mehr. Über ihr Gespräch mit Mabonagrins Freundin in Joie de la curt wird kurz berichtet (9707 ff.).

Es ergibt sich der kuriose Befund, daß Enite in den ca. 5000 Versen der *âventiure*-Fahrt, als ihr das Reden verboten ist, mehr als 200 Verse spricht, in den ca. 5000 Versen des Anfangs- und Schlußteils, solange ihr das Reden freisteht, aber nur einen einzigen Vers. Das ist natürlich kein Zufall. Der Befund verweist auf die grundsätzliche Problematik von Reden und Schweigen (vgl. S. 124 ff.). Zugleich spiegelt der Befund auch geschlechtsspezifische Unterschiede in bezug auf die ‚Macht' der Sprache.

Dieses Sprechverhalten Enites war von Chrétien vorgegeben. Im französischen „Erec" spricht Enide im Anfangsteil gar nicht in direkter Rede, im Mittelteil 188 Verse, im Schlußteil 29. Aufschlußreich ist auch ein Vergleich mit Erecs Redeverhalten. Bei Hartmann spricht Erec im Anfangsteil 259 Verse in direkter Rede; auf der *âventiure*-Fahrt 377 Verse und im Schlußteil 277 Verse. Der Mann spricht in allen Situationen etwa gleich viel. Im Anfangs- und Schlußteil, in denen Erec und Enite als Ehepaar dargestellt sind, spricht Erec mehr als 550 Verse, Enite vier Worte. Besonders der Schlußteil soll das vorbildliche Verhalten des Ehepaars darstellen (vgl. S. 111). Das bedeutet: In der vorbildlichen Herrscherehe spricht der Mann, während die Frau schweigt.

Das innere Wort (*verbum cordis*)

Die charakteristische Form für Enites Reden ist in Hartmanns Dichtung das Selbstgespräch, die Rede mit sich selbst, gelegentlich in der Form des laut gesprochenen Monologs, häufiger in

Gestalt der lautlosen Rede, der Gedankenrede (*locutio in mente*), des inneren Wortes, das vom Mund des Herzens gesprochen wird.

Zählt man die in direkter Rede gesprochenen Monologe, Gebete und Gedankenreden zusammen, so kommt man für Enite auf 372 Verse, für Erec auf 42 Verse. Vergleicht man damit die in direkter Rede gesprochenen Verse (Dialog, Anrede, Rede usw.) – Enite: 217 Verse, Erec: 913 Verse –, so wird ganz deutlich, daß Erec mehr als 20 mal soviel zu anderen spricht wie zu sich selbst, Enite dagegen viel häufiger mit sich selbst redet als mit anderen.

Auch hier lohnt sich ein Vergleich mit Chrétien. Im französischen Text spricht Enide nur halb soviel zu sich selbst wie bei Hartmann, nämlich 157 Verse (gegenüber 372 bei Hartmann). Das zeigt, daß die Konzentration von Enites Reden auf das innere Wort bei Hartmann deutlich verstärkt ist. Die Unterschiede zwischen Erec und Enide sind jedoch schon bei Chrétien eklatant: Den 157 Versen innerer Rede Enides stehen nur 4 Verse von Erec gegenüber. Beide Dichter haben das Redeverhalten ihrer Protagonisten mit Bedacht gestaltet.

In der folgenden Tabelle meint „Anfang" den Anfangsteil bis zum Aufbruch vom Artushof, „Mitte" das *verligen* in Karnant und die *âventiure*-Fahrt bis zur zweiten Guivreiz-*âventiure*, „Schluß" den Schlußteil von Joie de la curt bis zum Schluß. Die Tabelle erfaßt nur Erecs und Enites Redeanteile und nur die direkten Reden, die zu anderen Personen gesprochen werden („direkte Reden"), sowie die direkten Gespräche mit sich selbst beziehungsweise mit Gott. Alle Formen des indirekten Sprechens bleiben unberücksichtigt (vgl. auch die Aufstellungen bei Peter Wiehl: Die Redeszene als episches Strukturelement in den Erec- und Iwein-Dichtungen Hartmanns von Aue und Chrestiens de Troyes [Lit.verz. Nr. 108], S. 83ff.).

Redeanteile

	Anfang	Mitte	Schluß	gesamt
Erec				
direkte Rede				
Hartmann	275	361	277	913
Chrétien	320	292	132	744
innere Rede				
Hartmann	9	10	23	42
Chrétien	4	–	–	4

Enite				
direkte Rede				
Hartmann	1	216	–	217
Chrétien	42	146	29	217
innere Rede				
Hartmann	7	365	–	372
Chrétien	33	124	–	157

Der Begriff des inneren Wortes hat in der Philosophie und Theologie des 12. Jahrhunderts eine große Bedeutung (vgl. Stephan Meier-Oeser: Wort, inneres; Rede, innere [Lit.verz. Nr. 166]). Ausgangspunkt war Augustins Grundsatz, daß die Wahrheit nur im Inneren des Menschen, im Herzen zu finden sei: „Gehe nicht nach außen; gehe in Dich zurück. Im inneren Menschen wohnt die Wahrheit" (*Noli foras ire, in te ipsum redi. In interiore homini habitat veritas* (Augustin: De vera religione 39,72 [Lit.verz. Nr. 130], S. 234). Danach war nur das innere Wort, die Gedankenrede (*oratio mentalis*) die eigentliche Rede. Die Rede des Mundes konnte nur ein Zeichen oder ein Spiegel der inneren Rede sein.

Die höfischen Dichter haben aus diesem Konzept der inneren Rede neue Mittel der Figurendarstellung gewonnen.

Dabei ist immer zu beachten, daß die höfischen Dichter Darstellungsmittel und Denkmodelle der gelehrten Literatur genutzt haben, daß sie aber nicht dasselbe Erkenntnisziel verfolgt haben wie die Theologen, die deutlich unterschieden haben zwischen dem inneren Wort, das göttliche Wahrheit enthält, und der stummen Rede, die mit dem gesprochenen Wort die Problematik alles menschlichen Sprechens teilt (vgl. Mireille Schnyder: Topographie des Schweigens [Lit.verz. Nr. 175], S. 60ff.).

An Enide hat Chrétien die Motivierung der Handlung von Innen musterhaft vorgeführt; Hartmann ist ihm gefolgt. Während die höfischen Verhaltensregeln den weiblichen Mitgliedern der adligen Hofgesellschaft eine vollkommene Beherrschung der Körperbewegungen vorschrieben und auch den Herrschern empfohlen wurde, einen ruhig-freundlichen Gesichtsausdruck zu zeigen, der keinerlei Emotionen erkennen läßt, zeigt der poetische Blick ‚hinter die Kulissen', im Inneren der handelnden Personen häufig widerstreitende Gefühle und Unsicherheiten über die richtige Handlungsweise. Dadurch gewinnen die literarischen Figuren eine Tiefenschärfe, die die ältere holzschnittartige Personendarstellung noch nicht besaß und die neue Formen der Anteilnahme am erzählten Geschehen eröffnet. Das Interesse der Zuhörer wurde vom Handlungsverlauf weg auf die innere Dramatik gelenkt. Auf diese Weise werden die Zuhörer einbezogen in die emotionalen Konflikte, die dem Handeln vorausgehen. Sie können mit Enite mitfühlen, mitleiden. Während ihr Mund schweigt, spricht ihr Herz um so vernehmlicher. *In sweic der munt, ir herze sanc* (9689), heißt es von Enite und Mabonagrins Freundin nach Erecs Sieg.

Die Ambivalenz von Reden und Schweigen

Reden und Schweigen spielen in der mittelalterlichen Sprachphilosophie, die hauptsächlich von Augustin geprägt war, eine große Rolle.

Reden und Schweigen erfuhren ganz verschiedene Wertungen, je nachdem, ob von Gott oder von den Menschen die Rede war. Das Wort Gottes hat die Welt erschaffen; Gott hat sich den Menschen im Wort offenbart; und Christus ist das Fleisch gewordene Wort Gottes. Die Sprache der Menschen dagegen wurde zum Instrument des Sündenfalls. Seit Evas Verführungswort die Sünde in die Welt gebracht hat, ist alles menschliche Sprechen mit dem Stigma der Sündhaftigkeit behaftet. Mit ihrem fatalen Wort hat Eva das ‚heilige' Schweigen im Paradies zerstört. Insofern konnte Schweigen als ein Kennzeichen des paradiesischen, vorsündhaften Zustands der Menschen gelten. Andererseits kann das Schweigen mit dem Chaos in Verbindung gebracht werden, das vor der Erschaffung der Welt durch das Wort da war (vgl. Mireille Schnyder [Lit.verz. Nr. 175], S. 65).

In Chrétiens Artusromanen wird die Mehrdeutigkeit von Reden und Schweigen von verschiedenen Seiten beleuchtet. In „Érec et Énide" ist es Enides fatale *parole*, die das Ehepaar in eine tiefe Krise stürzt. In „Le Conte du Graal" ist es umgekehrt Percevals fatales Schweigen vor dem Gral, das den Helden zu einer jahrelangen Irrfahrt zwingt. Es geht in der höfischen Dichtung nicht darum, was richtig oder besser ist, Reden oder Schweigen, sondern es geht um das richtige und das falsche Reden und Schweigen. Bereits im Alten Testament wird „die Zeit des Schweigens und die Zeit des Sprechens" unterschieden (*tempus tacendi, et tempus loquendi* Ecclesiastes III,7). Für die Klostererziehung ließ sich relativ leicht definieren, wann es richtig ist zu sprechen und wann geschwiegen werden muß. Die höfischen Dichter hatten es viel schwerer, ihre Helden wissen zu lassen, wann gesprochen und wann geschwiegen werden muß. An Enite wird dieses Problem geradezu exemplarisch vorgeführt. Ihr ist verboten zu reden, und sie ist willens und bereit, diesen Befehlen Folge zu leisten. Aber wenn sie das Leben ihres Mannes bedroht sieht und ihr Wort ihn retten kann, dann ist es richtig zu sprechen; und sie tut das Richtige. Solange es nicht auf ihr Reden ankommt, kann sie schweigen. Ob es richtig war, daß sie auch in Karnant geschwiegen hat, als sie früher als Erec erfuhr, daß er alles Ansehen verloren hatte, läßt der Text offen (vgl. S. 88f.).

Nur unter bestimmten Bedingungen ist es also für die Frau falsch zu schweigen. Für die Männer scheint es gerade umgekehrt zu sein. Sie können fast in allen Situationen sprechen, wenn sie wollen. Wann Schweigen für sie das Richtige ist, läßt sich nicht eindeutig festlegen. Schweigegebote für Männer sind meistens Ausweis einer unhöfischen Haltung. So verbietet Iders' Zwerg in beleidigender Weise Erec den Mund (*lâ dîn klaffen sîn* 83). Mit ähnlich unhöfischen Worten sucht der eine Riese Erec zum Schweigen zu bringen (*dîn klaffen ist mir ungemach* 5477). Größere Gefahr für das Reden der Männer drohte von einer anderen Seite. Seit Augustin wußte man um die Zweideutigkeit allen Sprechens. Einerseits ist Sprache das wichtigste Mittel, das der Mensch besitzt, um zu lehren und zu lernen. Andererseits steht alles Reden in der Gefahr, mit Worten zu sündigen. Die „Sünden der Zunge" (*peccati linguae)* fanden zu Hartmanns Zeit wachsende Aufmerksamkeit bei den Theologen (vgl. Carla Casagrande, Silvana Vecchio: I peccati della lingua [Lit.verz. Nr. 153], S. 35ff.). Thomas von Aquin hat später die verschiedenen Ansätze in seiner „Summa theologiae" systematisiert (Summa theologiae 2a. 2ae. qu 72). Als „Unbill der Worte" (*iniuriae verborum*) behandelt er: Verleumdung, Herabsetzung, Flüstern, Spotten, Fluchen. An anderer Stelle der „Summa" (qu 110) nennt Thomas die sprachlichen „Fehler, die der Wahrheit entgegenstehen": Lüge, Verstellung oder Heuchelei und Prahlerei. Die meisten dieser Formen sprachlicher Verfehlungen finden sich auch im „Erec", wobei es jedoch nicht um Sünden geht, sondern um die Zweideutigkeiten der Sprache, mit denen immer zu rechnen ist. Interessanterweise sind auch die „Fehler" ambivalent: Sie bezeugen nicht immer eine falsche Einstellung, sondern können auch guten Zwecken dienen. Enite belügt den ersten Grafen, um ihn in Sicherheit zu wiegen und so die Flucht zu ermöglichen. Erec verstellt sich, wenn er Iders androht, ihn töten zu wollen, obwohl er gar nicht diese Absicht hat. Andererseits sind es die negativ gezeichneten Figuren – Iders, die beiden Grafen und die Riesen –, die sich mit Fluchen und Prahlen, mit Spott und Herabsetzung hervortun und so schon durch ihre Sprache ihre Bosheit bezeugen.

Alles Sprechen ist zweideutig. Zugleich ist Sprache ein Machtinstrument, das vor allem von Männern gegenüber Frauen zum Einsatz gebracht wird. Männer sind es auch, die die meisten „Sünden der Zunge" begehen. Wenn Enite zu solchen Mitteln (Lüge, Täuschung) greift, geschieht es nicht aus Unbeherrschtheit, sondern ist kühl kalkuliert aus einer guten Absicht. Noch in anderer Hinsicht nimmt Enite als Sprecherin (und als Schweigerin) eine Sonderstellung ein. Ihr lautes Sprechen ist fast überall, soweit es nicht nur Antwort auf Männer-

Fragen ist, ein notwendiges Sprechen, von dem der Fortgang der Handlung abhängt. Wenn sie spricht, ist es Zeit zu sprechen. Das unterscheidet ihr Reden von dem weitgehend leeren und überflüssigen oder sogar verderblichen Sprechen der Männer (soweit es nicht hauptsächlich der Selbst-Charakterisierung der männlichen Figuren dient), wobei Erec mit seinen wilden Drohungen und seinen willkürlichen Befehlen die Hauptrolle spielt.

Das Redeverbot für den Erzähler

Eine Erzählung gibt es nur, wenn ein Erzähler spricht und wenn jemand ihm zuhört. Im Artusroman erzählt der Erzähler nicht einfach seine Geschichte, sondern er reflektiert zugleich auf sein Erzählen und schafft so neben oder hinter der Handlungsebene eine zweite Erzählebene oder Sinnebene, auf der der Erzähler ein die ganze Handlung begleitendes, fiktives Gespräch mit den Zuhörern führt.

Die Inszenierung einer mündlichen Erzählsituation findet bei Hartmann ihren Höhepunkt in dem großen Pferde-Exkurs am Ende der zweiten Guivreiz-*âventiure*. Bei der Beschreibung des Zaumzeugs gesteht der Erzähler, daß die Grenzen seiner Fähigkeiten erreicht seien: „Daß ich Euch richtig von diesem Zaumzeug erzählen soll, wie das gefertigt worden ist, das wäre zu schwer für einen so unerfahrenen Mann. Und selbst wenn ich die Fähigkeit besäße, es richtig zu erzählen, dann würde ein einziger Mund viel zu lange brauchen, es Euch zu sagen. Außerdem mindert es mein Vermögen, daß ich den Sattel nie gesehen habe; nur so wie mir der, von dem ich die Geschichte habe, davon berichtet hat, will ich Euch mitteilen, wie er geschaffen war, ganz so wie ich in seinem Buch gelesen habe, so wie ich es am kürzesten vermag“ (7476–92). Dieses Bekenntnis seiner Unfähigkeit benutzt ein naseweiser Zuhörer dazu, den Erzähler zum Schweigen zu bringen: *nû swîc, lieber Hartman*

(7493). So entsteht die paradoxe Situation, daß der Zuhörer die Erzählung fortsetzt (*ich wil dir diz maere sagen* 7500) und der Erzähler zum Zuhörer wird. Der Erzähler läßt sich jedoch nicht zum Schweigen bringen, sondern unterbricht und verunsichert den Zuhörer durch immer neue spöttische Einwürfe, bis dieser schließlich mit der resignierenden Frage: „Habe ich denn nicht die Wahrheit gesagt?" (7520) sein Vorhaben aufgibt und der Erzähler seinen alten Status zurückgewinnt: „Laßt mich es Euch erzählen!" (7525). Vordergründig klingt das wie eine Rechtfertigung der Unentbehrlichkeit des Erzählers, der als einziger, dank seiner Kenntnis der Vorlage, seiner rhetorischen Kunst und seiner poetischen Imagination, die Wahrheit der Geschichte zu garantieren vermag. Gleichzeitig ist jedoch die Selbst-Ironisierung der Erzählerrede unüberhörbar. Der höfische Epiker bekennt seine Abhängigkeit vom Wohlwollen seines Publikums und macht sich zugleich, im Bewußtsein seiner überlegenen Kunstfertigkeit, darüber lustig.

7. Erzählstil

Der personifizierte Erzähler

Der erste Artusroman ist nicht nur durch seinen neuen Stoff gekennzeichnet und die neue Romanform der schönen *conjointure*, sondern auch durch einen neuen Erzählstil, der sich am deutlichsten in der Personifizierung des Erzählers und in der Rolle, die das erzählende Ich in der Dichtung spielt, zu erkennen gibt. Im Prolog zu „Érec et Énide" nennt sich der Autor in der dritten Person: „das sagt Chrétien de Troyes" (*ce dist Crestiens de Troies* 9). Dieser *Crestiens* präsentiert sich gleich anschließend als Ich-Erzähler: „Sogleich will ich die Geschichte beginnen" (*Des or comancerai l'estoire* 23). Es ist ein Erzähler, der sich voller Selbstgefühl seiner Leistung rühmt („dessen hat Chrétien sich gerühmt" 26). Die *materia*, der Stoff, war dem Autor vorgegeben; seine Aufgabe ist die Bearbeitung der Materie (*dilatatio materiae*), wie es in den zeitgenössischen lateinischen Poetiken heißt. Chrétiens Bearbeitung des Stoffes wird zuallererst greifbar in der Konstruktion einer Erzählerinstanz, die in der Geschichte als Ich hervortritt und die die Präsentation der gesamten Handlung leitet und lenkt. Vom Anfang bis zum Schluß meldet sich das Erzähler-Ich immer wieder, indem es sich mit „Ihr" und „Euch" an das Publikum wendet, das auf diese Weise in die Geschichte hineingezogen wird („Das müßt ihr wissen"). „Von den vielartigen Speisen, die gereicht wurden, wüßte ich euch wohl Rechenschaft zu geben, obwohl ich euch nichts davon mitteile; aber ich muß meinen Sinn auf anderes richten" (6876–79). Indem der Erzähler seinen Zuhörern klarmacht, daß er ständig der Herr der Erzählung ist, bringt er ihnen immer wieder zum Bewußtsein, daß sie einer vom Autor gemachten und vom Erzähler gelenkten Geschichte zuhören; er bringt sie zum Bewußtsein der Fiktionalität der Erzählung. Dabei beteuert der Erzähler immer wieder, daß er die Wahrheit erzählt („ich sage euch fürwahr“, *Por voir vos di* 424; „ich wage es, euch die Wahrheit zu sagen“, *La verité dire vos os* 6814). Wahrheit und Fiktionalität sind keine Gegensätze; es geht um die Wahrheit der Fiktion. Dazu gehört nicht nur der richtige Ablauf der Geschichte und die richtige Ordnung der Erzählung, sondern auch die Lenkung der Aufmerksamkeit, des Interesses und der Sympathie und das Verständnis für das Erzählte. Die Konstruktion einer zweiten Erzählebene, auf der der Erzähler sich mit seinem Publikum über die erzählte Geschichte verständigt, ist vielleicht die bedeutendste literarische Leistung Chrétiens.

Hartmann von Aue hat diese neue Dimension des höfischen Erzählens in allen wichtigen Aspekten übernommen. Er ist auf dem von Chrétien beschrittenen Weg der Personalisierung des Erzählers noch sehr viel weiter gegangen. Der Erzähler tritt bei Hartmann viel öfter als bei Chrétien mit seinem Ich hervor: bei Quellenberufungen und Beteuerungen der Wahrheit, bei Rückverweisen und Vorausdeutungen, bei Sentenzen und Vergleichen, bei der Erläuterung des Geschehens und vor allem bei Wertungen, die den Zuhörern das vom Erzähler intendierte Verständnis der Erzählung nahebringen sollen. Ebenso häufig sind bei Hartmann Anreden an das Publikum, Rechtfertigungen, Beteuerungen und Aufrufe, die darauf zielen, die Teilnahme des Publikums am Geschehen zu lenken. An einigen Stellen nimmt die Hinwendung zum Publikum die extreme Form eines fingierten Dialogs des Erzählers mit seinen Zuhörern über das Erzählte an (vgl. S. 127f.). Es kommt auch vor, daß der Erzähler sich von seiner Rolle ironisch distanziert und das reale Publikum auffordert, sich selbst eine Meinung über das Erzählte zu bilden.

Beschreibungen

Unter allen Mitteln der Ausgestaltung (*dilatatio*), die in den lateinischen Poetiken empfohlen wurden, hat Chrétien von keinem anderen so extensiven Gebrauch gemacht wie von der Beschreibung (*descriptio*). Man kann den höfischen Erzählstil geradezu als einen Beschreibungsstil definieren. Bei Chrétien ist die Beschreibung das einzige rhetorische Verfahren, das von ihm in „Érec et Énide" begrifflich angesprochen wird. Im Rahmen seiner Beschreibung von Erecs Krönungsmantel führt Chrétien aus, daß er den richtigen Gebrauch davon von Macrobius gelernt habe: „Wir fanden beim Lesen in der Vorlage die Beschreibung des Gewandes, und ich ziehe als Garanten Macrobius heran, der seine Aufmerksamkeit auf die Schilderung richtete und der sich darauf verstand, so daß ich nicht lüge. Macrobius lehrt mich, die Arbeit des Stoffes und die Bilddarstellung zu beschreiben, wie ich sie in dem Buch gefunden habe" (6674–81). Es ist nicht ganz klar, auf welche Stelle bei Macrobius sich Chrétien hier bezieht (vgl. Douglas Kelly: The Conspiracy of Allusion. Description, Rewriting, and Authorship from Macrobius to Medieval Romance [Lit.verz. Nr. 162], S. 36ff.). Die mittelalterliche Bedeutung von *descriptio* war so breit gefächert, daß fast das ganze Programm der literarischen Bearbeitungstechnik damit gemeint sein konnte. Beschrieben werden im „Erec" Personen, Sachen, Vorgänge und Veranstaltungen, die ganze höfische Sachkultur (Kleider, Waffen, Kämpfe, Empfänge, Feste usw.). Das Glanzstück höfischer Beschreibungskunst ist im französischen „Erec" die Beschreibung des Krönungsmantels, den Erec von König Artus erhält (6674–6747, vgl. zuletzt Joseph J: Duggan: The Romances of Chrétien de Troyes [Lit.verz. Nr. 25], S. 291f.). Am ausführlichsten werden die kostbaren Verzierungen und der figürliche Schmuck beschrieben, vor allem die allegorischen Figuren der vier Fächer des Quadrivium, die auf dem Mantel zu sehen sind (vgl. S. 70). Das Figurenprogramm ist offenbar im Hinblick auf die Geschichte von Erec und Enide gewählt.

In den Beschreibungen ist Hartmann noch über Chrétien hinausgegangen. Die Beschreibung des Hochzeitsfests füllt bei Chrétien 207 Verse, bei Hartmann 335; die des anschließenden Turniers bei Chrétien 135 Verse, bei Hartmann 589; Erecs Kampf mit Iders hat Chrétien über 202 Verse beschrieben, Hartmann über 363; seinen Kampf gegen Mabonagrin Chrétien über 85 Verse, Hartmann über 287. Nicht wenige Beschreibungen bei Hartmann sind ohne direktes Vorbild bei Chrétien. Andererseits hat er manche Beschreibung gekürzt, andere ganz übergangen. Auffälligerweise fehlt bei ihm die Beschreibung von Erecs Krönungsmantel.

An einigen Stellen hat Hartmann einen derartig exzessiven Gebrauch von den Darstellungsmöglichkeiten der Beschreibung gemacht, daß man eine besondere Absicht des Erzählers vermuten möchte. Bereits bei Chrétien war die Beschreibung von Enides wunderbarem Pferd, das sie in Pointurie von König Guivrets Schwestern erhält, breit ausgearbeitet. Bei Hartmann hat diese Beschreibung den zwölffachen Umfang: 534 Verse gegenüber 44 Versen). An dieser Textpartie hat Franz J. Worstbrock (Lit.verz. Nr. 111) die Grundzüge der Poetik von Hartmanns „Erec“ erläutert, die durch „die Nähe des ‚Erec‘ zu Verfahren und Formen der zeitgenössischen Poetik“ in lateinischer Sprache gekennzeichnet sei (S. 27). Im einzelnen bleibt in Hartmanns Beschreibung des Pferdes manches rätselhaft, zum Beispiel die eigentümliche Farb-Allegorie der schwarzen und der weißen Hälfte des Pferdes mit dem grünen Strich in der Mitte (vgl. S. 59f.). Auch hier drängt sich die Frage auf (auf die es keine sichere Antwort gibt), ob in diesem Prunkstück höfischer Beschreibungskunst mit dem übertriebenen Einsatz rhetorischer Kunstmittel nicht ein ironischer Unterton mitschwingt, der auf Distanzierung berechnet war.

Enites Pferd übersteigt alles, was man je gesehen oder wovon man je gehört hat. Ein Pferd von solcher Vollkommenheit gibt es nicht in der Erfahrungswelt. Es ist ein Wunderding, ein Ideal, das für Vollkommenheit steht; es ist ein Geschöpf der poetischen Phantasie, ein vom Dichter geschaffenes Pferd. Wenn man das in Rechnung stellt, dann erklärt sich auch, daß bei Hartmann ein beträchtlicher Teil des Pferde-Exkurses der Arbeit des Erzählers und den Aufgaben des Erzählens gewidmet ist. Diese ganze Seite ist ohne Vorbild bei Chrétien. Mehr als zwanzigmal sagt der Erzähler *ich* in dieser Partie; fast ebenso häufig ist das *iu, iuch* der Zuhörer. Die Verbindung zwischen beiden wird durch das *sagen* des Erzählers hergestellt. Die Formel *ich sage iu* begegnet so oder in abgewandelter Form mehr als zehnmal. Immer wieder betont der Erzähler, daß er die Wahrheit sagt, so unglaublich die Einzelheiten auch sind. Der Erzähler beruft sich mehrfach auf seine Quelle (*des hôrte ich im den meister jehen* 7299; *als uns der meister seite* 7462), einmal auch auf ein Buch (*als ich an sînem buoche las* 7491). Der Erzähler kennt die Wahrheit der erdichteten Geschichte, für die es keine andere Beglaubigung gibt als das Wort des Dichters. Der Erzähler weiß, daß er der Größe seiner Aufgabe – er soll das Unglaubliche glaubhaft machen – kaum gewachsen ist: Er nennt sich einen *tumben kneht* (7480), obwohl gerade der Pferde-Exkurs die meisterhafte Beherrschung der rhetorischen Künste belegt. Wenn er sagt, daß der Zwang zur Kürze ihm verbiete, das Pferd in aller nötigen Ausführlichkeit zu beschreiben (7429f. 7573), so liegt darin zweifellos eine ironische Anspielung auf den exorbitanten Umfang seines Exkurses.

Hartmanns Beschreibungen zielen meistens auf das Typische, das Musterhafte und Vorbildliche, die Beschreibung von Vorgängen zielt auf die Regeln des höfischen Zeremoniells und seine schöne Ordnung. Die Beschreibungen sind es, die Hartmanns Dichtung streckenweise den Charakter eines Lehrbuchs in höfischen Umgangsformen und höfischer Sachkultur verleihen.

Erzählperspektive und Figurenperspektive

Der Erzähler des „Erec“ weiß alles. Er kennt den Zusammenhang der Geschichte, kann an mehreren Orten gleichzeitig sein, kann in seine Figuren hineinsehen und kennt ihre geheimen Wünsche und Regungen. Er läßt die Zuhörer die Geschichte aus seiner Sicht, aus seiner Perspektive sehen. Er läßt aber auch seine Figuren reden, in Monologen und Dialogen, und dabei inszeniert er die Figuren so, daß sie nicht alles wissen, was der Erzähler weiß, und läßt sie aus ihrer begrenzten Sichtweise sprechen. In seinem ersten Artusroman hat Chrétien die Kunst des mehrperspektivischen Erzählens und des Wechsels zwischen Erzählerperspektive und Figurenperspektive mit großer Meisterschaft gehandhabt; Hartmann ist ihm darin gefolgt.

Erzählerperspektive und Figurenperspektive wechseln sich nicht einfach ab, sondern der Erzähler nähert sich bald der einen, bald einer anderen Figurenperspektive an und treibt dabei sein Spiel mit den Zuhörern.

Als Erec den Ritter, der ihn vor der Königin beleidigt hat, bis in eine ihm unbekannte Stadt hinein verfolgt, die von Menschen überfüllt ist, kann er nicht wissen, wer dieser Ritter ist und warum dort so viele Menschen versammelt sind. Solange Erec das nicht weiß, läßt der Erzähler bei Chrétien auch seine Zuhörer darüber im unklaren. Erst von dem armen *vavasor*, der Erec Herberge gibt, erfährt er und erfahren die Zuhörer, wie sich alles verhält. Diese ganze Partie ist im wesentlichen aus der Perspektive Erecs erzählt. Hartmann ist hier seiner Vorlage nur halb gefolgt. In der deutschen Dichtung unterbricht der Erzähler gleich bei Erecs Ankunft in Tulmein seinen Bericht und erklärt seinen Zuhörern, daß dort der Sperberkampf stattfinden soll. Dieses Wissen haben die Zuhörer Erec voraus, der erst von Koralus die Erklärung erhält. Die andere Hälfte der fehlenden Information, wer der Ritter ist und was er will, erfährt Erec bei Hartmann ebenso wie bei Chrétien erst von Enites Vater.

Als Erec am Ende der *verligen*-Szene in Karnant seiner Ehefrau befiehlt, das beste Kleid anzuziehen und sich für den sofortigen Aufbruch bereit zu machen, kann Enide bei Chrétien und bei Hartmann nicht wissen, was Erec vorhat und warum er so handelt. Hier hat sich der „Erec“-Erzähler also der Perspektive Enites angepaßt.

Aus diesen Beispielen kann man ersehen, daß die Interpretation der Dichtung aufs engste mit dem Wechsel der Erzählperspektiven zusammenhängt.

Norris J. Lacy war meines Wissens der erste, der 1980 in seinem Buch über die Erzählkunst Chrétiens (The Craft of Chrétien de Troyes: An Essay on Narrative Art [Lit.verz. Nr. 63], S. 72ff.) den Wechsel der Perspektiven in „Érec et Énide" ausführlich beschrieben hat. Er hat beobachtet, daß der Erzähler sich über große Partien der Perspektive von Erec oder von Enide angenähert hat. Der ganze erste Teil der Dichtung bis zum *verligen* in Carnant ist nach Lacy im wesentlichen aus Erecs Perspektive erzählt. Die Zuhörer erfahren genau, von welchen Regungen und Motiven Erecs Handeln und Reden in dieser Partie bewegt wird und welche Interessen er verfolgt. Von Enides Gedanken und Gefühlen erfahren wir dagegen im ganzen ersten Teil so gut wie nichts. Das ändert sich mit dem *verligen* in Carnant, wo Enide ihren ersten großen Monolog hält. Von hier an erfahren wir so gut wie nichts mehr über Erecs Handlungsmotive. Um so ausführlicher läßt der Erzähler uns an Enides Überlegungen, Befürchtungen und Planungen teilhaben. Wie im ersten Teil von Erec wird im Mittelteil meistens von Enide aus erzählt. Erst die Versöhnung der Eheleute am Ende der zweiten Grafen-*âventiure* bringt einen erneuten Perspektivenwechsel. Plötzlich spricht Erec wieder von seinen Absichten und Gedanken, während Enides innere Beteiligung weitgehend ausgeblendet wird. Über längere Partien des Schlußteils verschwindet Enide fast ganz aus dem Blick. Der Schlußteil ist fast ganz aus Erecs Perspektive erzählt.

Hartmann hat diesen kunstvollen Perspektivenwechsel übernommen. In Einzelheiten scheint er nicht so konsequent verfahren zu sein wie Chrétien. In anderer Hinsicht hat Hartmann jedoch die Einseitigkeit der Erzählperspektive noch strenger gehandhabt als Chrétien.

In der französischen Dichtung erfahren die Zuhörer bei der ersten Begegnung von Erec und Enide, daß Enide sich vor Erec schämt (447) und daß sie zufrieden und froh darüber ist, daß ein Königssohn um sie wirbt (683f.). In der deutschen Dichtung wird kein Wort über Enites Reaktion auf Erecs Werbung gesagt.

Wie bei Chrétien steht auch bei Hartmann der doppelte Perspektivenwechsel in einer engen Beziehung zur Großgliederung der Dichtung. Im Anfangsteil überwiegt das Erzählen aus der Perspektive Erecs, im Mittelteil aus der Perspektive Enites, im Schlußteil wieder aus der Perspektive Erecs. Außerdem läßt sich beobachten, daß der Perspektivenwechsel auch mit dem Wechsel der Rede-Anteile korrespondiert. Im Anfangsteil, wenn aus Erecs Perspektive erzählt wird, spricht Enite kaum ein Wort; im Mittelteil, wenn ihr das Reden verboten ist, spricht sie am meisten; im Schlußteil, wenn der Erzähler wieder der Perspektive Erecs folgt, schweigt Enite konsequent (vgl. S. 120f.).

Die späteren Epen Chrétiens sind gekennzeichnet durch eine ironische Erzählhaltung, die sich im „Erec" nur erst andeutet. Bei Hartmann sind Ironie-Signale noch seltener. Sie finden sich vor allem in den Reflexionen des Erzählers auf seine Tätigkeit und dienen nicht in erster Linie, wie bei Chrétien, der Distanzierung des Erzählers von der erzählten Geschichte, sondern laden eher zum Nachdenken über die poetischen Darstellungsmittel ein.

8. Stoff und Quellen

Chrétiens „Érec et Énide“ und seine Quellen

Chrétiens „Érec et Énide“ war der erste französische Artusroman. Der einmalige Erfolg, den die Geschichten von König Artus in Frankreich und in ganz Europa hatten, war gewiß zum großen Teil dem neuen Stoff, der ‚matière de Bretagne‘, zu verdanken. Es war die wichtigste stoffliche Bereicherung, die die europäische Literatur im Mittelalter erfahren hat.

Chrétiens „Érec et Énide“ wird heute meistens nach der Ausgabe von Mario Roques (Lit.verz. Nr. 6) zitiert. Eine neue zweisprachige (altfranzösisch-neufranzösische) Ausgabe im Chrétien-Band der ‚Pléiade‘ hat Peter F. Dembowski vorgelegt (Lit.verz. Nr. 7, S. 1–169). Zweisprachige Ausgaben mit deutscher Übersetzung gibt es von Ingrid Kasten (Lit.verz. Nr. 8), nach der Ausgabe von Wendelin Foerster, und von Albert Gier (Lit.verz. Nr. 9), nach der Ausgabe von Mario Roques.

Chrétiens „Érec et Énide“ ist in 7 Handschriften überliefert. Eine ausgezeichnete Darstellung der Überlieferung haben Françoise Gasparri, Geneviève Hasenohr und Christine Ruby gegeben: De l'écriture à la lecture: réflexions sur les manuscrits d'Erec et Enide (Lit.verz. Nr. 32). Die Datierung von Chrétiens Werk ist strittig. Sichere Anhaltspunkte fehlen. Meistens setzt man die Entstehung in die Zeit um 1170 (vgl. Peter F. Dembowski [Lit.verz. Nr. 7], S. 1053). Einen Auftraggeber hat Chrétien nicht genannt. Man vermutet, daß Chrétien seinen ersten Artusroman für den englischen Königshof unter Heinrich II. (1154–1189) gedichtet hat (vgl. Beate Schmolke-Hasselmann: Der arthurische Versroman [Lit.verz. Nr. 172], S. 190ff.).

Die Forschung zur Interpretation von Chrétiens „Érec et Énide“ ist in den letzten Jahrzehnten stark angewachsen. Immer noch wertvoll ist die Arbeit von Reto R. Bezzola (Lit.verz. Nr. 15). Außerdem nenne ich

Norris J. Lacy (Lit.verz. Nr. 63), Glyn S. Burgess (Lit.verz. Nr. 17), Edward J. Buckbee (Lit.verz. Nr. 16), Evelyn Mullally (Lit.verz. Nr. 75) und Joseph J. Duggan (Lit.verz. Nr. 25).

Chrétiens „Érec et Énide" basiert auf zwei Stofftraditionen: einer volkssprachlich-mündlichen und einer lateinisch-schriftlichen. Klar faßbar ist für uns nur die zweite, die in erster Linie durch ein lateinisches Geschichtswerk aus der ersten Hälfte des 12. Jahrhunderts repräsentiert wird: die „Geschichte der britischen Könige" von Geoffrey von Monmouth, die wahrscheinlich 1138 fertiggestellt wurde und die zu einem großen literarischen Erfolg geworden ist. Nach Geoffreys Darstellung war Arthur ein berühmter keltischer König von Britannien, der zu Anfang des 6. Jahrhunderts in schweren Kämpfen die Sachsen besiegt habe, dann Irland, Norwegen und Gallien erobert habe und schließlich zum Kampf gegen den oströmischen Kaiser angetreten sei. Durch Geoffreys „Historia" ist Arthur, von dem man vorher wenig gewußt hatte, für alle lateinisch Gebildeten zu einer festen Größe geworden. Wichtiger als die militärische Erfolgsgeschichte war für die Folgezeit, was Geoffrey von Monmouth von dem großen Hoffest erzählt, das Arthur zu Pfingsten in Carlion veranstaltete. Der Hof Arthurs erscheint hier als gesellschaftlicher Mittelpunkt für den Adel des ganzen Landes. Bei der festlichen Krönung des Königs und der Königin in Carlion und dem anschließenden Festmahl entfaltet sich der Glanz des Königshofs mit seinem feierlichen Zeremoniell und den feinen höfischen Umgangsformen.

Aus welchen Quellen Geoffrey von Monmouth seine Schilderung von König Arthurs Herrschaft gewonnen hat, ist offen. Er kannte die ältere britische Geschichtsschreibung in lateinischer Sprache, in der Arthur jedoch nur eine untergeordnete Rolle gespielt hatte. Zum ersten Mal wird Arthur in der anonymen „Historia Britonum" aus dem 9. Jahrhundert erwähnt (die früher Nennius zugeschrieben wurde). Hier ist Arthur ein keltischer Heerführer (*dux bellorum*), der um 500 gelebt habe und in mehreren Schlachten Sieger über die Sachsen geblieben sei. Außer dieser lateinischen Geschichtsschreibung hat Geoffrey sicherlich auch volkstümlich-keltische Artus-Überlieferungen gekannt.

Diese mündliche keltische Überlieferung ist die zweite Stofftradition, die in die Artusepik eingegangen ist. Wie die keltische Tradition aussah, ist weitgehend unbekannt. Was wir kennen, sind späte Aufzeichnungen in kymrischer Sprache, hauptsächlich aus dem 14. Jahrhundert. Einige dieser Texte sind sicherlich schon Jahrhunderte früher entstanden. Besonders wichtig ist eine Anzahl keltischer Prosaerzählungen (‚Mabinogion‘), vor allem die Geschichte von „Culhwch und Olwen“, die ein gutes Bild der keltischen Artussage vermittelt. Arthur ist hier ein großer Jäger und König, an dessen Hof sich viele Helden versammelt haben, unter denen Cai und Gwalchmai (= Keie und Gawan der Artusromane) eine herausragende Stellung einnehmen. Zusammen mit seinen Getreuen unternimmt Arthur gefährliche Züge in die wilde, grausame und böse Wunderwelt keltischer Zauber- und Feenmärchen.

Um die Mitte des 12. Jahrhunderts entstand eine französische Versbearbeitung des lateinischen Geschichtswerks von Geoffrey von Monmouth: der „Roman de Brut“ des normannischen Klerikers Wace, der im Auftrag des englischen Königshofs gearbeitet hat. Das war die erste französische Dichtung, die von König Artus erzählte. Bei Wace ist die höfische Gesellschaftsdarstellung weiter ausgebaut, und hier begegnet zum ersten Mal die berühmte Tafelrunde: der runde Tisch, den Artus machen ließ, um Rangstreitigkeiten unter seinen Rittern zu vermeiden.

Es ist nicht zu bezweifeln, daß es eine mündliche Verbreitung des Artusstoffs noch vor der Entstehung der ersten Artusromane gegeben hat. Das bestätigen bildliche Zeugnisse aus Italien, vor allem die Abbildung von Artus zusammen mit Che (= Keie) und Galvaginus (= Gawan) auf einer Archivolte am Dom von Modena aus der ersten Hälfte des 12. Jahrhunderts.

Über Inhalt und Form der mündlichen Artus-Tradition sind nur Vermutungen möglich.

Im Prolog zu „Érec et Énide“ sagt Chrétien, daß berufsmäßige Erzähler an den großen Höfen die Geschichte von Erec „zu zerstückeln und zu verderben pflegen“ (21). Nimmt man das wörtlich, dann gab es eine Geschichte von Erec, die im Rahmen der ‚matière de Bretagne‘ mündlich tradiert wurde, bevor Chrétien sie auf das künstlerische Niveau der Schriftlichkeit gehoben hat. Die Bemühungen der älteren Forschung, diese keltische Geschichte von Erec zu rekonstruieren, haben jedoch zu keinen sicheren Ergebnissen geführt. Deswegen neigt man heute eher zu der Ansicht, daß Chrétien diese Geschichte selbst zusammengebaut und dabei Motive aus der mündlichen Überlieferung der keltischen Artussagen benutzt hat. Keltischen Ursprungs ist im „Erec“ sicherlich die heilkundige Morgane (*Morganz* 4196), die hier als Artus’ Schwester erscheint; ferner Gauvains Pferd Gringalet (3935), vielleicht auch der kleine König Guivret mit seinen Schwestern, vielleicht die Jagd auf den weißen Hirsch. Sicher keltisch ist der Totenort Limors, trotz des französischen Namens. Besonders zahlreich sind keltische Motive in Joie de la curt: der magische Nebel, der paradiesische Garten, die aufgespießten Köpfe und das Horn. Hinter Mabonagrains Freundin sind noch die Umrisse einer keltischen Jenseits-Fee zu erkennen, die einen Ritter in ihrem Zaubergarten gefangenhält. Manches, was als keltisch angesprochen worden ist, gehört eher zum Schatz der internationalen Märchenmotive und kann auch auf anderem Weg zu Chrétien gelangt sein. Außerdem stand dem gebildeten Dichter der ganze Vorrat antiker Erzählmotive zur Verfügung.

Die Beliebtheit des Artusstoffs

Jean Bodel (gest. 1210) hat in seiner „Chanson de Saisnes“ die französische Epik seiner Zeit nach ihren Stoffen in drei Gruppen geteilt: *de France et de Bretaigne et de Romme la grant* (Vers 7 [Lit.verz. Nr. 132]). Mit der „matière de France“ ist die französische Chanson de geste-Epik gemeint, die Stoffe aus der merowingischen und karolingischen Geschichte behandelt. Die „matière de Romme“ meint die französischen Antiken-Romane des 12. Jahrhunderts. Die „matière de Bretaigne“ bezeichnet die Artus- und Tristan-Romane. Jean Bodel hat die drei Gattungen nach ihrem Wahrheitsgehalt unterschieden. Die Chansons de geste seien „wahr“ (*voir* 11), denn es sind historische Stoffe. Die Antiken-Romane seien „belehrend“ (*sage et de sens aprendant* 10): sie gehören zum Bildungsbesitz. Die Artusromane seien „nichtig“ (*vain* 9) und „unterhaltsam“, „gefällig“ (*plaisant* 9). Diese Wertung der Artusromane spiegelt das Urteil der gelehrten Kleriker über die Unterhaltungsformen der adlig-weltlichen Gesellschaft. Das Adjektiv *vain* bezeichnet jedoch nicht nur den mangelnden Wahrheitsgehalt der Artusromane; in *vain* schwingt die Bedeutung „erfunden“ mit, die auf die Fiktionalität der Artusgeschichten verweist. Das Wort *plaisant* spiegelt die Erfolgsgeschichte der Gattung: die Artusromane erfreuten sich beim höfischen Publikum größerer Beliebtheit als die anderen Formen der Epik.

Wir besitzen Zeugnisse aus dem 12./13. Jahrhundert, die belegen, daß der Name Artus eine geradezu elektrisierende Wirkung besonders auf junge Menschen ausgeübt hat.

Caesarius von Heisterbach berichtet in seinem „Dialogus miraculorum“ (um 1200) aus dem Kloster Heisterbach: „Als Abt Gevard, der Vorgänger des jetzigen Abtes, im Kapitelsaal Worte der Mahnung in feierlicher Form an uns richtete und als er sah, daß viele, vor allem viele der Novizen, schliefen, einige auch schnarchten, rief er mit einmal aus: ‚Hört, Brüder, hört, ich berichte euch Neues und Großartiges. Es war einmal ein König, der hieß Artus‘. Nach diesen Worten brach er ab und sprach: ‚Brüder, schaut dieses große Elend. Wenn ich von Gott spreche, so schlaft ihr. Sobald ich aber Worte der Leichtfertigkeit einmische, so wacht ihr auf und fangt alle an, mit gespitzten Ohren zu lauschen‘“ (Lit.verz. Nr. 133, Bd. 1, S. 205).

Aelred von Rievaulx (gest. 1167) läßt einen Novizen sagen: „Ich erinnere mich, daß ich durch Geschichten, die in der Volkssprache über Arthur erzählt werden, von dem ich sonst nichts weiß, manchmal bis zum Ausbruch der Tränen bewegt wurde" (De speculo caritatis [Lit.verz. Nr. 126], S. 90).

Was die Menschen an den Geschichten von Artus so anzog, wird sich nach den Bildungsvoraussetzungen unterschieden haben. Die Dichter haben sich offenbar bemüht, die Erwartungen und Interessen ihres Publikums auf verschiedenen Anspruchsebenen zu erfüllen. Am meisten fasziniert haben wahrscheinlich der herrliche Glanz höfischer Festlichkeit am Hof von König Artus und die bunte Wunderwelt der *âventiuren*, in der Riesen und Zwerge, Zauberquellen, Wunderbetten und magische Gärten die Aura des Märchenhaft-Geheimnisvollen verbreiteten. Die Faszination der Artusstoffe ging sicherlich auch von den emotionalen Momenten und Motiven aus, die geeignet waren, die Gefühle anzusprechen. In den Artusromanen ist die Liebe ein zentrales Motiv. Dazu kam bei Chrétien und seinen Nachfolgern eine neue Technik der Motivierung von innen. Die Geschichten gestatten Einblicke in die Regungen und Gefühle der Menschen, ließen die Zuhörer teilnehmen an den Zweifeln und Konflikten, die sich im Inneren abspielen, und ließen sie die Ängste und Nöte miterleben, die die Menschen durchlitten. Die Geschichten luden die Zuhörer dazu ein, sich mitzufreuen und mitzuleiden. Das war sicherlich ein wirksames Mittel, das Publikum in den Bann zu ziehen.

Thomasin von Zerklaere hat in seinem „Welschen Gast" die literarischen Figuren aufgezählt, die der adligen Jugend zum Vorbild dienen sollten. Darunter sind Erec und Yvain (1042); unter den Frauen ist Enite (1033); von denen könnten die jungen Leute höfischen Anstand und tugendhaftes Verhalten lernen. Ob das eine praktische Bedeutung hatte, wissen wir nicht. Wenn Adlige ihre Kinder „Erec" oder „Enite" nannten (vgl. Brigitte Edrich-Porzberg [Lit.verz. Nr. 26], S. 286ff.), dann könnte auch der Gedanke mitgespielt haben, daß sie so werden sollten wie die Helden von Hartmanns Roman.

Adaptation courtoise

In keinem anderen Land ist die französische Artusepik so früh und so intensiv rezipiert worden wie in Deutschland. Übertragungen französischer Epen gab es bereits seit der Mitte des 12. Jahrhunderts (Lamprechts „Alexander"). Aber erst mit Veldekes „Eneit" und Hartmanns „Erec" begann die breite Rezeption der französischen Epik.

Die Diskussion über Anspruch und Leistung der deutschen Bearbeitungen französischer Vorlagen, die unter dem Stichwort ‚Adaptation courtoise' geführt worden ist, war zum größten Teil ein Scheingefecht (vgl. Alois Wolf: Die adaptation courtoise. Kritische Anmerkungen zu einem neuen Dogma [Lit.verz. Nr. 180]; Michel Huby: Zur Definition der adaptation courtoise [Lit.verz. Nr. 158]; René Pérennec: L'étude des adaptations allemandes d'œuvres narratives françaises [Lit.verz. Nr. 170]). Die deutschen Dichter sind mit der Übertragung französischer Epen beauftragt worden, weil das Interesse an der französischen Adelskultur an den deutschen Fürstenhöfen so groß war, daß man möglichst viel davon wissen wollte. An vielen Einzelheiten läßt sich zeigen, daß alles Französische als vorbildlich und nachahmenswert angesehen wurde. So wurden die Kleiderbeschreibungen attraktiv gemacht durch die Versicherung, die Damen kleideten sich, „wie es die Französinnen tun" (*alse Franzoise wîp pflegent*, Ulrich von Zatzikhoven: Lanzelet 5804–95), ihre Kleider seien „in französischem Schnitt" (*in dem snite von Franze*, Gottfried von Straßburg: Tristan 10905–06) zugeschnitten worden (vgl. Elke Brüggen: Kleidung und Mode in der höfischen Epik des 12. und 13. Jahrhunderts [Lit.verz. Nr. 152], S. 194f.).

Die Abhängigkeit der deutschen Bearbeiter von ihren französischen Vorlagen hat die deutschen Dichter nicht gehindert, Änderungen anzubringen, Akzente anders zu setzen und Umstellungen vorzunehmen. Ihre Leistung bemißt sich jedoch nur teilweise nach dem Grad ihrer Selbständigkeit, mehr noch nach ihrer Fähigkeit, literarische Darstellungsmittel meisterhaft zu handhaben.

Hartmanns und Chrétiens „Erec“

Wie Hartmann im „Erec“ verfahren ist, hängt von der Beurteilung der Textüberlieferung ab (vgl. S. 9f.). Die beiden „Erec“-Texte, von denen wir seit der Auffindung der neuen Wolfenbütteler Fragmente ausgehen müssen, weisen große Unterschiede in der Bearbeitungstechnik auf. Der „Ambraser Erec“ folgt zwar im Gang der Handlung seiner französischen Vorlage ziemlich genau, hat aber nicht nur viele Einzelheiten geändert, sondern auch in den Hauptmotiven bedeutende Umakzentuierungen vorgenommen, während der zweite „Erec“, soweit der geringe Umfang der Fragmente solche Aussagen erlaubt, sich sehr eng an den französischen Text angeschlossen hat. Im übrigen gibt es auch in bezug auf den genauen Wortlaut der Vorlage, die Hartmann benutzt hat, viele Unsicherheiten.

Jeder Quellenvergleich steht unter solchen Vorbehalten. Die bedeutendste Veränderung gegenüber Chrétiens „Érec et Énide“ findet sich im Ambraser „Erec“ am Schluß: Im deutschen Text endet die Handlung nicht wie im französischen am Artushof, sondern in Karnant, mit einem Ausblick auf die ewige Seligkeit Erecs und Enites. Die Umgestaltung der Vorlage beginnt bereits in Joie de la curt mit der Einführung der achtzig trauernden Witwen und dem dominierenden Hervortreten des Mitleidsmotivs. Die Überführung der achtzig Witwen an den Artushof gibt der letzten Artusszene einen neuen Sinn: Im Mittelpunkt steht die Reintegration der Witwen in einen Zustand höfischer *vreude*. Die Krönung Erecs, die bei Chrétien zum Schluß im Mittelpunkt steht, ist nach Karnant verlegt; die ganze Krönungszeremonie ist im Ambraser „Erec“ zu einem kurzen Satz zusammengestrichen, und von Enites Krönung ist gar nicht mehr die Rede. Karnant steht zuletzt nicht nur für vorbildliches Rittertum, sondern für eine selbständige Königsherrschaft, die auf Gottvertrauen gegründet ist.

Verglichen mit der Umgestaltung des Schlusses wiegen alle anderen Änderungen nicht schwer. Am Gang der Handlung sind nur Kleinigkeiten geändert; und dabei ist nicht immer deutlich, welche Interessen den Bearbeiter geleitet haben. Bei Chrétien gelangen Erec und Enide an eine „Drehbrücke“ (3656), unmittelbar vor den Mauern einer Burg. Vom Turm herab bemerkt sie der Herr der Burg – es ist Guivret –, ruft nach Waffen und reitet den beiden nach. Ohne ein Wort zu sprechen, beginnt der Kampf. Im Ambraser „Erec“ ist am Anfang der ersten Guivreiz-*âventiure* eine Lücke (nach Vers 4317, vgl. S. 116), und es ist nicht sicher, was dort gestanden hat. Soweit der Text erhalten ist, gibt es keine Brücke, keinen Turm, und Guivreiz reitet den beiden nicht hinterher, sondern kommt ihnen entgegen und begrüßt sie freundlich. Die Forderung zum Kampf lehnt Erec ab: Es würde den höfischen Anstand verletzen, wenn Guivreiz ihnen feindlich entgegenträte, nachdem er sie begrüßt habe. Guivreiz' Rechtfertigung ist nicht sehr überzeugend; aber wenn er Erec „um Eurer schönen Frau willen“ (4376) herausfordert, ist Erec zum Kampf bereit. Es ist schwer zu sagen, was Hartmann durch diese Umgestaltung gewonnen hat.

Chrétiens Dichtung ist fast durchweg reicher an szenischen Details, die seiner Erzählung die epische Dichte verleihen. Im französischen „Erec“ treffen Erec und Enide nach der ersten Nacht im Wald einen Knappen des Grafen, der mit zwei Dienern unterwegs ist, „die Brot, Wein und fünf Fettkäse trugen“ (3121–22). Der Knappe lädt Erec und Enide zu einem Picknick ein, breitet im Schatten der Buchen auf dem Gras ein weißes Tischtuch aus, füllt schöne Trinkschalen mit gutem Wein und bewirtet die beiden mit Kuchen und anderem; „er schälte einen Käse ab und zerschnitt ihn“ (3168). Im deutschen Text gibt es keine Diener, keine Trinkschalen, keinen Kuchen, keinen Käse. Von der ganzen epischen Feinstruktur, die Chrétiens Erzählung so lebendig macht, ist nur „Schinken und Brot“ übriggeblieben und der Wein (3535f.). Dafür entschädigt der deutsche Bearbeiter seine Zuhörer mit einer kleinen Genreszene: Der Knappe schöpft mit seinem Hut Wasser aus einer nahe gelegenen Quelle, damit Erec und Enite sich die Hände waschen können. An den meisten Details war der deutsche Bearbeiter offenbar nicht interessiert. Er hat lieber das Didaktische herausgearbeitet oder die schöne Ordnung betont.

Manchmal sind ganze Szenen im deutschen Text weggefallen. Die beiden Schwertleiten, von denen Chrétien erzählt, fehlen bei Hartmann. Beim Aufbruch aus Carnant erzählt Chrétien ausführlich, wie Erec auf einer hoch gelegenen Galerie der Burg einen Teppich aus Limoges ausbreiten läßt, auf den seine Waffen gelegt werden, die er sich dann Stück für Stück anlegen läßt: die Beinschienen, seinen silbernen Kettenpanzer, „aus dünnen Ketten, dreifach übereinander, so fein war er gearbeitet“ (2642–43), und seinen Kronenhelm, der mit Edelsteinen besetzt ist. Keiner wagt es, Erec zu fragen, was er vorhabe. König Lac kommt dazu und erkundigt sich nach Erecs Plänen. „Erec ... erzählte ihm alles, er erklärte ihm auch, wie er seinen Zug geplant hatte“ (2712–14). Er bittet den Vater, im Fall seines Todes die Hälfte des Reiches an Enide zu vererben. Dann folgt ein tränenreicher Abschied mit Umarmungen und Küssen und Erecs Versprechen, zurückzukommen,

„wenn es Gott gefällt und wenn ich kann" (2754). Von all dem ist im Ambraser „Erec" nichts geblieben außer der Verwunderung des Hofes, was Erec wohl vorhabe. Im deutschen Text wappnet sich Erec heimlich und verläßt ohne Abschied und ohne ein Wort der Erklärung den väterlichen Hof.

Gelegentlich führt die epische Reduktion zu einer Verunklärung der Situation und der Handlungsmotive. Der deutsche Bearbeiter läßt Erec und Enite bei ihrer Flucht aus Limors auf demselben Weg zurückreiten, auf dem sie am Mittag desselben Tages gekommen waren. Schon vorher hatte der Erzähler den Zuhörern mitgeteilt, daß ein Knappe aus Limors Guivreiz berichtet habe, daß Graf Oringles getötet sei und Erec und Enite geflohen seien. Guivreiz befürchtet nun, daß Erec von den Einwohnern des Landes erschlagen werden könnte, und bricht – es ist längst Nacht – mit dreißig Rittern auf, um Erec zu beschützen. Tatsächlich trifft er auf Erec, der sich trotz seiner Schwäche zum Kampf stellt. Ohne ein Wort zu wechseln, beginnt das Gefecht, das gleich mit dem ersten Anritt zu Ende ist, da Erec vom Pferd geworfen wird und kraftlos liegenbleibt. Das Motiv, daß ein König den Helden sucht und ihn nicht erkennt, als er ihn findet, sondern ihn für einen Feind hält und ihn bekämpft, hat Chrétien in der Blutstropfen-Episode des „Conte du Graal" wiederverwandt, wo es im Zusammenhang von Wahrnehmung und Täuschung eine eigene Bedeutung hat. Im Ambraser „Erec" bleibt unerklärt, warum Guivreiz so unüberlegt handelt. Diese Motivierungslücke ist durch die Veränderung der Vorlage entstanden. Bei Chrétien hat Guivret nur erfahren, daß Erec „tot im Wald gefunden worden" sei (4906) und daß Graf Oringles Enide nach Limors gebracht habe, um sie gegen ihren Willen zu heiraten. Guivret ist entschlossen, Enide zu befreien und Erec ehrenvoll zu bestatten. Um Mitternacht bricht er mit tausend Rittern auf, um Limors zu erobern. Erec und Enide begegnen dem Heereszug und sehen keine Möglichkeit, unbemerkt zu bleiben. Erec hofft, nicht feindselig behandelt zu werden. Aber Guivret reitet ihm alleine entgegen und greift ihn sofort an. Hinterher bedauert er diese Unüberlegtheit. Da Guivret glaubte, Erec sei tot, konnte er nicht damit rechnen, daß Erec ihm entgegenkommen würde.

Während die Änderungsmotive in solchen Fällen unklar bleiben, treten sie bei der Umgestaltung der Hauptfiguren deutlich hervor. Von Anfang an wird klar, daß die Erec-Gestalt im deutschen Text anders angelegt ist als im französischen, wo Erec als erprobtes und hoch angesehenes Mitglied der Tafelrunde eingeführt wird. Im Verlauf der Erzählung muß der französische Erec einige bittere Erfahrungen machen; seine Selbstsicherheit und sein Überlegenheitsgefühl büßt er jedoch nie ein; und zuletzt überreicht König Artus selbst ihm das Königszepter. Im deutschen Text ist das Ziel dasselbe; auch hier ist Erec zuletzt ein gefeierter König. Doch der Ausgangspunkt ist im deutschen „Erec“ ein anderer. Hier wird Erec als ein unerfahrener *jungelinc* eingeführt, der noch kein Turnier besucht und keinen ernsthaften Kampf bestritten hat. Der deutsche Erec macht vieles falsch, bevor er zur Einsicht seiner Verfehlungen gelangt und den Weg beschreitet, der ihn in die Gnade Gottes führt. Diese veränderte Figurenkonzeption hat zahlreiche Änderungen der Vorlage zur Folge. So wird verständlich, daß in der Versöhnungsszene die Rollen vertauscht sind: Bei Chrétien bittet Enide ihren Mann um Verzeihung; im deutschen Text ist es Erec, der seine Frau um Vergebung bittet.

In der Gestaltung der Enite-Figur bleibt der Ambraser „Erec“ näher bei der Vorlage. In beiden Texten ist Enite eine verarmte, ungewöhnlich schöne und anmutige Grafentochter und am Schluß eine von allen verehrte Königin. Im Verlauf der Dichtung erweist Enite in beiden Texten ihre bedingungslose Liebe zu ihrem Ehemann, ihre Ergebenheit und ihre Leidensfähigkeit als Ehefrau. Es gibt jedoch auch Unterschiede. Bei Chrétien ist Enide eine selbstbewußte junge Frau, die bereits zahlreiche Werber abgewiesen hat. Das fehlt im deutschen Text. Bei Chrétien läßt Enide sich zu einem unbedachten Wort (*la parole*, vgl. S. 35) hinreißen, für das sie ihren Ehemann später um Verzeihung bitten muß. Im deutschen Text sagt Enite nichts, wofür sie sich schämen müßte. Die deutsche Enite ist durchweg passiver, voll Minderwertigkeitsgefühlen, voller Angst und Zweifeln. Das hindert sie nicht, sehr bestimmt aufzutreten, wenn es um das Wohl und Wehe ihres Mannes geht. Beide Eniten lernen im Verlauf der Dichtung, daß sie als Ehefrauen Mitverantwortung tragen für beide Ehepartner. Die Mitkrönung Enides bei Chrétien (die im deutschen Text fehlt) zeigt, daß die Frau auch als Herrscherin neben ihrem Mann steht.

Die auffallendste Veränderung in der Figurenzeichnung ist die durchgehende Emotionalisierung der Gestalten im deutschen Text. Bereits bei Chrétien werden die emotionalen Antriebe der Handlung angesprochen: Scham und Ruhmverlangen, Mitleid und Rache bei Erec, Scham und Angst, Zweifel und Trauer bei Enide, Liebe und Leid bei beiden. Im deutschen Text ist die Motivierung von innen überall ausgebaut und prägt auch das Redeverhalten der Figuren. Am auffälligsten ist, wie konsequent Enite in der deutschen Dichtung durch den Verzicht auf jedes überflüssige Wort und den Redefluß ihres Herzens gekennzeichnet ist (vgl. S. 121 ff.).

Es gibt auch einen bemerkenswerten Unterschied in der Beleuchtung des Ehepaares. Bei Chrétien wird immer wieder betont, daß Erec und Enide ein Paar bilden, „ganz gleich und ebenbürtig an höfischem Wesen, an Schönheit und hohem Adel" (1484–86). Dieser Passus fehlt im Ambraser „Erec", und auch sonst wird der Paar-Gedanke im deutschen Text weniger betont. Das zeigt sich besonders am Schluß, wenn Erec und Enide am Artushof als Königspaar die Krone empfangen, während im deutschen Text von Enites Krönung nicht die Rede ist. Chrétiens „Erec" ist der Roman eines Paares; der deutsche „Erec" ist eher ein Erec-Roman (vgl. S. 106).

Die bisher angesprochenen Veränderungen der Vorlage können noch nicht erklären, wodurch der Umfang der deutschen Dichtung auf das Anderthalbfache angewachsen ist (10135 Verse gegen 6879 Verse des französischen „Erec" in der Ausgabe von Mario Roques). Das Mehr an Text geht nur zum kleineren Teil auf die emotionale Ausgestaltung (Enites große Klage zählt bei Chrétien 44 Verse, im Ambraser „Erec" 283 Verse). Viel größer ist der Zuwachs der beschreibenden Teile (vgl. S. 131 f.).

Dazu kommen die Änderungen in der Erzählhaltung. Dabei darf nicht übersehen werden, daß es auch in diesem Punkt grundlegende Gemeinsamkeiten gibt. Chrétiens Erfindung einer personalen Erzählerinstanz, aus deren Perspektive die ganze Handlung inszeniert wird, hat der deutsche Bearbeiter übernommen. Bereits bei Chrétien tritt der Erzähler als sprechendes „Ich" hervor, der sich mit „Ihr" und „Euch" an die Zuhörer wendet. Besonders am Schluß, in der Beschreibung der Krönungszeremonien, häufen sich die Ich-Reden. Der Unterschied zwischen beiden Dichtungen besteht darin, daß der deutsche Bearbeiter den personalen Erzähler zu einer dominierenden Gestalt ausgebaut hat, die vom Anfang bis zum Schluß den Erzählablauf immer wieder durch Einreden unterbricht, in denen er sich erklärend und belehrend, die Vorgänge kommentierend, auf eigene Erfahrungen verweisend, Urteile fällend und Anteil nehmend oder in umfangreichen Exkursen Einzelheiten breit ausführend an sein Publikum wendet. Es sind diese Ich-Reden, zusammen mit den ausladenden Beschreibungen und anderen Mitteln der *dilatatio*, die für den größeren Umfang der deutschen Dichtung verantwortlich sind.

Auch die vielen beschreibenden Partien sind bei Hartmann ausgebaut, nicht nur im Umfang, sondern auch in der Perspektivenführung. Während bei Chrétien die Beschreibungen, die häufig dazu dienen, durch mehr oder weniger realistische Details die Handlung anzureichern und lebendiger zu machen, gerne aus der Sicht der handelnden Personen gegeben sind, nimmt bei Hartmann viel öfter der Erzähler selbst das Wort. Dabei scheint es ihm mehr um Urteile und Kommentare aus seiner Sicht zu gehen als darum, die Erzählung anschaulicher zu machen. Als die Königin bei Chrétien mit Enide vor die Gesellschaft der Tafelrunde tritt und der König seine Ritter befragt, ob sie einverstanden sind, daß Enide den Kuß des weißen Hirschs empfängt, stimmen alle „wie aus einem Munde“ (1777) zu: „Ihr entscheidet gewiß richtig, wenn Ihr sagt, daß diese die Schönste sei; an ihr gibt es viel mehr Schönheit als Klarheit an der Sonne“ (1779–82). Den kosmischen Vergleich hat Hartmann zu einem großen Schönheits-Exkurs ausgestaltet. Erst vergleicht er Enite mit der Sonne, die „am hellen Tag in vollem Glanz strahlt“ (1717–18). Daß Enite vor Scham rot und blaß wird, vergleicht Hartmann mit einer dünnen Wolke, die vor die Sonne zieht, bevor sie wieder voll erstrahlt. Dann vergleicht Hartmann Enite mit dem Mond, dessen Aufgang den Sternenhimmel erblassen läßt. „Ebenso stellte ihre Schönheit alle anderen Damen in den Schatten“ (1782–83; vgl. W. Kellermann [Lit.verz. Nr. 55], S. 515).

Die Abweichungen des „Ambraser Erec“ von Chrétiens Text sind bereits im Rahmen der Handlungsanalyse registriert worden (vgl. S. 19ff.). Die beste zusammenfassende Darstellung ist noch immer Wilhelm Kellermanns Aufsatz: Die Bearbeitung des Erec und Enide-Romans Chrestiens de Troyes durch Hartmann von Aue (Lit.verz. Nr. 55), der zuerst im Jahr 1970 in französischer Sprache erschienen ist. Einen sehr detaillierten Vergleich hat Wolfgang Mohr vorgelegt (Chrestiens und Hartmanns Erec [Lit.verz. Nr. 72], S. 251–312). Die ungedruckte amerikanische Dissertation von Jill P. McDonald (Hartmann von Aue's Erec and Chrétien de Troyes's Erec et Enide. The Extent and Logic of Hartmann's Transformations of Chrétien's Romance [Lit.verz. Nr. 67]) war mir nicht zugänglich.

Die Frage der Nebenquellen

Die Frage, ob Hartmann außer Chrétiens „Érec et Énide“ noch andere Quellen benutzt hat, hat früher die Forschung sehr beschäftigt. Heute findet diese Frage nur noch wenig Interesse. Hartmann kannte die deutschsprachige Literatur seiner Zeit;

besonders eng sind die Beziehungen zu Veldekes „Eneit“. Eine Kenntnis anderer französischer Epen ist nicht nachweisbar. In einigen Einzelheiten stimmt Hartmanns Darstellung genauer mit zwei Prosa-Bearbeitungen von Chrétiens „Érec et Énide“ aus dem 13. Jahrhundert überein, dem ‚Mabinogi‘ „Gereint ab Erbin“ in kymrischer Sprache und der norwegischen „Erex saga“. Die Anhaltspunkte reichen jedoch nicht aus, um einen Zusammenhang zu sichern.

Größeres Gewicht hat man dem Wort *quâtspreche* zugeschrieben, mit dem Hartmann Keiin charakterisiert: *Keiîn der quâtspreche* (4664). *quât* ist ein niederdeutsches Wort, als Adjektiv und Substantiv gut bezeugt. Die hochdeutsche Entsprechung lautet *kôt* (unser Wort „Kot“). Die These, Hartmann habe *quâtspreche* aus einem niederrheinischen „Erec“ übernommen, ist ohne Fundament. Wörter in niederdeutscher Lautgestalt (*wâpen* neben *wâfen*, *dörper* neben *dorfer*) waren ein Kennzeichen der hochdeutschen Dichtersprache. So ist neben Hartmanns *quâtspreche* ein *quâtsac* („Kot-Sack“) im „Renner“ von Hugo von Trimberg bezeugt (6916 [Lit.verz. Nr. 142]). Es gibt auch ein *kôtvaz* neben einem *quâtvaz* (vgl. Lexer [Lit.verz. Nr. 125] I, 317).

Das Kompositum *quâtspreche* ist eine Konjektur von Haupt (Haupt [Lit.verz. Nr. 1] schrieb *kâtspreche*; die Schreibung *quâtspreche* findet sich erst bei Leitzmann [Lit.verz. Nr. 2]). In der Ambraser Handschrift steht: *Chay der chot sprach* (im Reim auf *gereche*). Diese Lesung wird durch die Wolfenbüttler Fragmente gestützt: *Keye der quat s[…]* (im Reim auf *rehte*). Die ursprüngliche Lesung ist unsicher, ebenso wie der Reim.

Hartmann war lateinisch gebildet und kannte die lateinischen Schulautoren; er hatte auch Zugang zum theologischen Schrifttum seiner Zeit (vgl. Antonín Hruby: Moralphilosophie und Moraltheologie in Hartmanns Erec [Lit.verz. Nr. 45]). Lambert Okken hat in seinem „Erec“-Kommentar (vgl. Lit.verz. Nr. 76) den Bildungshintergrund des „Erec“ dokumentiert. Fritz P. Knapp (Enites Totenklage und Selbstmordversuch in Hartmanns Erec [Lit.verz. Nr. 58]) hat wahrscheinlich gemacht, daß Hartmann bei der Ausgestaltung von Enites Klage Ovids „Metamorphosen“ benutzt hat.

9. Wirkungsgeschichte

Hartmanns „Erec“ muß bald nach seiner Fertigstellung ein viel beachtetes Werk gewesen sein. Über die frühe Rezeptionsgeschichte bestehen jedoch große Unklarheiten, weil die Chronologie von Hartmanns Werken so unsicher ist (vgl. S. 7f.). Gesichert ist, daß die großen Epiker der nächsten Generation, Wolfram und Gottfried von Straßburg, Hartmann als Vorbild genannt haben. Bei Wolfram mischen sich in die rühmenden Worte auch ironische Töne; aber unberührt davon war Hartmann für Wolfram der Begründer der Artusepik in Deutschland und ein Meister in der Zeichnung weiblicher Figuren. Im „Parzival“ hat Wolfram auf kein anderes Werk so häufig Bezug genommen und kein anderes so intensiv ausgewertet wie den „Erec“. Von Gottfried wird Hartmann im Literatur-Exkurs des „Tristan“ als der größte Dichter seiner Zeit gefeiert, dem der Lorbeerkranz eines *poeta laureatus* gebühre (4634f.). Hartmann habe in meisterhafter Weise Wort und Sinn seiner Dichtung in schöne Harmonie gebracht.

Alle frühen Artusromane – Wirnts „Wigalois“, Zatzikhovens „Lanzelet“, Türlins „Krone“ – haben Hartmanns „Erec“ benutzt. Die Beziehungen zum „Lanzelet“ sind weithin unklar (vgl. Brigitte Edrich-Porzberg [Lit.verz. Nr. 26], S. 79ff.). In der zweiten Hälfte des 13. Jahrhunderts setzte sich die Bezugnahme auf den „Erec“ fort: in den Romanen des Pleier, im „Gauriel von Muntabel“ und im „Jüngeren Titurel“. Noch in der ersten Hälfte des 14. Jahrhunderts, im „Friedrich von Schwaben“, sind mehrere Verspartien aus dem „Erec“ wörtlich eingearbeitet. Hartmanns Name war längst in die Dichterkataloge eingegangen und wurde dort weitertradiert, ohne daß sich daraus auch eine Kenntnis seiner Werke ergeben müßte. Nach dem „Friedrich von Schwaben“ scheint es keine sicheren Zeugnisse für eine „Erec“-Lektüre mehr zu geben.

In die Phase der frühen „Erec“-Rezeption gehört das einzige Bildzeugnis: das Krakauer Kronenkreuz aus der ersten Hälfte des 13. Jahrhunderts.

Daß es sich dabei um eine „Erec“-Darstellung handelt, ist erst 1996 von Rainer Sachs (in einem Aufsatz in polnischer Sprache) nachgewiesen worden. Joanna Mühlemann hat diesen Fund im Jahr 2000 für die germanistische Forschung erschlossen (Die Erec-Rezeption auf dem Krakauer Kronenkreuz [Lit.verz. Nr. 73]). Erhalten sind 46 Figuren eines „Erec“-Zyklus, die sich auf fünf Glieder der Platten-Krone verteilen (die Krone ist als Metallband auf dem Kreuz befestigt). Nach den Feststellungen von J. Mühlemann bezieht sich die Darstellung eindeutig auf Hartmanns Werk, nicht auf Chrétiens „Érec et Énide“. Obwohl die Abbildungen zum Aufsatz von J. Mühlemann von sehr guter Qualität sind, ist eine eigene Beurteilung sehr schwer, weil die Figuren (die nur anderthalb Zentimeter groß sind) nicht genau genug zu erkennen sind und die angenommene Lesefolge ziemlich kompliziert ist. Dargestellt ist die Anfangspartie des „Erec“ bis zum Abschluß der Jagd auf den weißen Hirsch. Eine entsprechende Beschränkung auf den Anfangsteil der Dichtung bezeugen auch die „Iwein“-Bilder in Rodenegg und in Schmalkalden (vgl. James A. Rushing, Jr.: Images of Adventure. Ywain in the Visual Art [Lit.verz. Nr. 171], S. 30ff. 91ff.). Wie diese Heraushebung zu verstehen ist, bedarf noch weiterer Klärung.

Das letzte mittelalterliche Zeugnis für eine Kenntnis des „Erec“ ist das Ambraser Heldenbuch vom Anfang des 16. Jahrhunderts (vgl. S. 9). Danach schweigen die Quellen für mehr als 300 Jahre. Erst Moriz Haupts Erstausgabe des „Erec“ vom Jahr 1839 hat Hartmanns Dichtung wieder bekannt gemacht. Damit begann die wissenschaftliche Rezeption.

Literaturverzeichnis

Literatur zu Hartmanns und Chrétiens „Erec"

Ausgaben und Übersetzungen

1. [Hartmann von Aue: Erec] Erec. Eine Erzählung von Hartmann von Aue. [Hrsg.] von Moriz Haupt, Leipzig 1839; 2. Aufl. 1871
2. [Hartmann von Aue: Erec] Erec von Hartmann von Aue, hrsg. von Albert Leitzmann, Halle 1939 (Altdeutsche Textbibliothek 39); 6. Aufl. besorgt von Christoph Cormeau und Kurt Gärtner, Tübingen 1985
3. Hartmann von Aue: Erec. Hrsg. von Manfred G. Scholz. Übersetzt von Susanne Held, Frankfurt/M. 2004 (Bibliothek des Mittelalters 5)
4. Hartmann von Aue: Erec. Mittelhochdeutscher Text und Übertragung von Thomas Cramer, Frankfurt/M. 1972 (Fischer Taschenbuch 6017)

----

5. [Chrétien de Troyes: Érec et Énide] Erec und Enide von Christian von Troyes, hrsg. von Wendelin Foerster, Halle 1890
6. [Chrétien de Troyes: Érec et Énide] Erec et Enide. Publié par Mario Roques, Paris 1970 (Les romans de Chrétien de Troyes. Édités d'après la copie de Guiot [Bibl. nat. fr. 794], Bd. 1)
7. [Chrétien de Troyes: Érec et Énide] Érec et Énide. Texte établi, traduit, présenté et annoté par Peter F. Dembowski, in: Chrétien de Troyes: Œuvres complètes. Édition publiée sous la direction de Daniel Poirion, Paris 1994 (Bibliothèque de la Pléiade)
8. [Chrétien de Troyes: Érec et Énide] Chrétien de Troyes: Erec und Enide. Übersetzt und eingeleitet von Ingrid Kasten, München 1979 (Klassische Texte des romanischen Mittelalters in zweisprachigen Ausgaben 17)

9. Chrétien de Troyes: Erec et Enide. Erec und Enide. Altfranzösisch / Deutsch. Übersetzt und hrsg. von Albert Gier, Stuttgart 1987 (Reclams Universal-Bibliothek 8360)

Bibliographien und Forschungsberichte

10. Gudrun Haase: Die germanistische Forschung zum Erec Hartmanns von Aue, Frankfurt/M. (u.a.) 1988 (Europäische Hochschulschriften, Reihe 1, Bd. 1103)

11. Petra Hörner (Hg.): Hartmann von Aue. Mit einer Bibliographie 1976–1997, Frankfurt/M. (u.a.) 1998 (Information und Interpretation 8)

12. Elfriede Neubuhr: Bibliographie zu Hartmann von Aue, Berlin 1977 (Bibliographien zur deutschen Literatur des Mittelalters 6)

Untersuchungen und Interpretationen

13. Paul H. Arndt: Der Erzähler bei Hartmann von Aue. Formen und Funktionen seines Hervortretens und seiner Äußerungen, Göppingen 1980 (Göppinger Arbeiten zur Germanistik 299)

14. Carol K. Bang: Emotions and Attitudes in Chrétien de Troyes' Erec et Enide and Hartmann von Aue's Erec der Wunderaere, in: Publications of the Modern Language Association 57, 1942, S. 297–326

15. Reto R. Bezzola: Liebe und Abenteuer im höfischen Roman (Chrétien de Troyes), Hamburg 1961 (rowohlts deutsche enzyklopädie 117–118) [zuerst französisch, Paris 1947]

16. Edward J. Buckbee: Érec et Énide, in: Douglas Kelly (Hg.): The Romances of Chrétien de Troyes, Lexington KY 1985, S. 48–88

17. Glyn S. Burgess: Chrétien de Troyes: Érec et Énide, London 1984

18. [Danielle Buschinger, Wolfgang Spiewok (Hgg.):] Érec, ou l'ouverture du monde arthurien. Actes du colloque du Centre d'études médiévales de l'Université de Picardie – Jules Verne, Greifswald 1993 (Wodan 18)

19. Britta Bussmann: Dô sprach diu edel künegîn. Sprache, Identität und Rang in Hartmanns Erec, in: Zeitschrift für deutsches Altertum 134, 2005, S. 1–29

20. Susan L. Clark: Hartmann's Erec: Language, Perception, and Transformation, in: Germanic Review 56, 1981, S. 81–94

21. Susan L. Clark: Hartmann von Aue: Landscapes of Mind, Houston, TE 1990

22. Albrecht Classen: Schweigen und Reden in Hartmanns Erec, in: Érec, ou l'ouverture du monde arthurien (vgl. Nr. 18), S. 25–42

23. Christoph Cormeau, Wilhelm Störmer: Hartmann von Aue. Epoche – Werk – Wirkung, 2. Aufl. München 1993

24. Peter Czerwinski: Der Glanz der Abstraktion. Frühe Formen von Reflexivität im Mittelalter. Exempel einer Geschichte der Wahrnehmung, Frankfurt, New York 1989 [Hartmann von Aue: Erec: S. 353–450]

25. Joseph J. Duggan: The Romances of Chrétien de Troyes, New Haven, London 2001

26. Brigitte Edrich-Porzberg: Studien zur Überlieferung und Rezeption von Hartmanns Erec, Göppingen 1994 (Göppinger Arbeiten zur Germanistik 557)

27. Edith Feistner: Bewußtlosigkeit und Bewußtsein. Zur Identitätskonstitution des Helden bei Chrétien und Hartmann, in: Archiv für das Studium der neueren Sprachen 236, 1999, S. 241–264

28. Rodney W. Fisher: Räuber, Riesen und die Stimme der Vernunft in Hartmanns Erec, in: Deutsche Vierteljahrsschrift für Literaturwissenschaft und Geistesgeschichte 60, 1986, S. 353–374

29. Rodney W. Fisher: Dô was doch sîn manheit schîn. How Does Hartmann Understand Erec's Manliness?, in: Mediaevistik 14, 2001, S. 83–93

30. Jean Frappier: Chrétien de Troyes. L'homme et l'oeuvre, Paris 1957 (Connaissance des lettres 50)

31. Helen Galloway: Ich wil mich schuldic ergeben: The Inner Life and Penitential Practice in Hartmann's Erec, in: Forum for Modern Language Studies 36, 2000, S. 33–48

32. Françoise Gasparri, Geneviève Hasenohr, Christine Ruby: De l'écriture à la lecture: réflexions sur les manuscrits d'Erec et Enide, in: Keith Busby (u.a.) (Hgg.): Les manuscrits de Chrétien de Troyes: The Manuscripts of Chrétien de Troyes, Bd. 1, Amsterdam, Atlanta/GA 1993 (Faux titre 71), S. 97–148

33. Francis G. Gentry (Hg.): A Companion to the Works of Hartmann von Aue, Rochester/NY 2005

34. Irmgart Gephart: Welt der Frauen, Welt der Männer. Geschlechterbeziehung und Identitätssuche in Hartmanns von Aue Erec, in: Archiv für Kulturgeschichte 85, 2003, S. 171–199

35. Irmgart Gephart: Das Unbehagen des Helden. Schuld und Scham in Hartmanns von Aue Erec, Frankfurt/M. (u.a.) 2005 (Kultur, Wissenschaft, Literatur 8)

36. Jean E. Godsall-Myers: Enite's Loss of Voice When she Speaks from the Heart, in: Speculum medii aevi 2, 1996, Heft 3, S. 57–66

37. Ingrid Hahn: Die Frauenrolle in Hartmanns Erec, in: Karl Hauck (u.a.) (Hgg.): Sprache und Recht. Festschrift für Ruth Schmidt-Wiegand, Berlin, New York 1986, S. 172–190

38. Will Hasty: Adventures in Interpretation. The Works of Hartmann von Aue and Their Critical Reception, Cambridge 1994 (Arthurian Studies 34)

39. Walter Haug: Gebet und Hieroglyphe. Zur Bild- und Architekturbeschreibung in der mittelalterlichen Dichtung, in: Zeitschrift für deutsches Altertum 106, 1977, S. 163–183

40. Walter Haug: Joie de la curt, in: Marc Cinca (u.a.) (Hgg.): Blütezeit. Festschrift für L. Peter Johnson, Tübingen 2000, S. 271–290

41. Barbara Haupt: Das Fest in der Dichtung. Untersuchungen zur historischen Semantik eines literarischen Motivs in der mittelhochdeutschen Dichtung, Düsseldorf 1989 (Studia humaniora 14)

42. Barbara Haupt: Literaturgeschichtsschreibung im höfischen Roman. Die Beschreibung von Enites Pferd und Sattelzeug im Erec Hartmanns von Aue, in: Klaus Metzel, Hans-Gert Roloff (Hgg.): Festschrift für Herbert Kolb, Bern (u.a.) 1989, S. 202–219

43. Thomas Heine: Shifting Perspectives. The Narrative Strategy of Hartmann's Erec, in: Orbis litterarum 36, 1981, S. 95–115

44. Volker Honemann: Erec. Von den Schwierigkeiten, einen mittelalterlichen Roman zu verstehen, in: Volker Honemann, Tomas Tomasek (Hgg.): Germanistische Mediävistik, Münster 1999 (Münsteraner Einführungen. Germanistik 4), S. 89–121

45. Antonín Hruby: Moralphilosophie und Moraltheologie in Hartmanns Erec, in: Harald Scholler: The Epic in Medieval Society. Aesthetic and Moral Values, Tübingen 1977, S. 193–213

46. Christoph Huber: Ritterideologie und Gegnertötung. Überlegungen zu den Erec-Romanen Chrétiens und Hartmanns und zum Prosa-Lancelot, in: Kurt Gärtner (u. a.) (Hgg.): Spannungen und Konflikte menschlichen Zusammenlebens in der deutschen Literatur des Mittelalters, Tübingen 1996, S. 59–73

47. Peter W. Hurst: Ênîte's Dominion over the Horses. Notes on the Coalescence of Platonic and Hagiographic Elements in an Episode from Hartmann's Erec, in: Medium Aevum 63, 1994, S. 211–221

48. William T. H. Jackson: Some Observations on the Status of the Narrator in Hartmann von Aue's Erec and Iwein, in: Forum for Modern Language Studies 6, 1970, S. 65–82

49. William H. Jackson: Chivalry in Twelfth Century Germany. The Works of Hartmann von Aue, Cambridge 1994 (Arthurian Studies 34)

50. Lewis Jillings: The Ideal of Queenship in Hartmann's Erec, in: P. B. Grout (u. a.) (Hgg.): The Legend of Arthur in the Middle Ages. Studies Presented to A. H. Diverres, Cambridge 1983, S. 113–128

51. Martin H. Jones: Chrétien, Hartmann, and the Knight as Fighting Man: On Hartmann's Chivalric Adaptation of Erec et Enide, in: Martin H. Jones, Roy Wisbey (Hgg.): Chrétien de Troyes and the German Middle Ages, Cambridge 1993 (Arthurian Studies 26), S. 85–109

52. Martin H. Jones: Schutzwaffen und Höfischheit. Zu den Kampfausgängen im Erec Hartmanns von Aue, in: Kurt Gärtner (u. a.) (Hgg.): Spannungen und Konflikte menschlichen Zusammenlebens in der deutschen Literatur des Mittelalters, Tübingen 1996, S. 74–90

53. Martin H. Jones: Durch schoenen list er sprach. Empathy, Pretence, and Narrative Point of View in Hartmann von Aue's Erec, in: Marc Cinca (u. a.) (Hgg.): Blütezeit. Festschrift für L. Peter Johnson, Tübingen 2000, S. 291–397

54. Dieter Kartschoke: Eneas – Erec – Tristrant. Zur relativen Chronologie der frühen höfischen Versromane, in: Alfred Ebenbauer (Hg.): Festschrift für Elisabeth Stutz, Wien 1984, S. 312–322

55. Wilhelm Kellermann: Die Bearbeitung des Erec und Enide-Romans Chrestiens de Troyes durch Hartmann von Aue, in: Hugo Kuhn, Christoph Cormeau (Hgg.): Hartmann von Aue, Darmstadt 1973 (Wege der Forschung 359), S. 511–531 [zuerst französisch 1970]

56. Peter Kern: Reflexe des literarischen Gesprächs über Hartmanns Erec in der deutschen Dichtung des Mittelalters, in: Friedrich Wolfzettel (Hg.): Artusrittertum im späten Mittelalter. Ethos und Ideologie, Gießen 1984, S. 126–137

57. Dorothea Klein: Geschlecht und Gewalt. Zur Konstitution von Männlichkeit im Erec Hartmanns von Aue, in: Mathias Meyer (u. a.) (Hgg.): Literarisches Leben. Festschrift für Volker Mertens, Tübingen 2002, S. 433–463

58. Fritz P. Knapp: Enites Totenklage und Selbstmordversuch in Hartmanns Erec. Eine quellenkritische Analyse, in: Germanisch-Romanische Monatsschrift 26, 1976, S. 83–90

59. Hans-Peter Kramer: Erzählerbemerkungen und Erzählerkommentare in Chrestiens und Hartmanns Erec und Iwein, Göppingen 1971 (Göppinger Arbeiten zur Germanistik 35)

60. Andreas Kraß: Die Mitleidsfähigkeit des Helden. Zum Motiv der compassio im höfischen Roman des 12. Jahrhunderts (Eneit – Erec – Iwein), in: Wolfram-Studien 16, 2000, S. 282–304

61. Hugo Kuhn: Erec, in: Festschrift für Paul Kluckhohn und Hermann Schneider, Tübingen 1948, S. 122–147

62. Ursula Kuttner: Das Erzählen des Erzählten. Eine Studie zum Stil in Hartmanns Erec und Iwein, Bonn 1978 (Studien zur Germanistik, Anglistik und Komparatistik 70)

63. Norris J. Lacy: The Craft of Chrétien de Troyes: An Essay on Narrative Art, Leiden 1980 (Davis Medieval Texts and Studies 3)

64. Ursula Liebertz-Grün: Kampf, Herrschaft, Liebe. Chrétiens und Hartmanns Erec- und Iweinromane als Modelle gelungener Sozialisation im 12. Jahrhundert, in: Lynne Tatlock (Hg.): The Graph of Sex and the German Text. Gendered Culture in Early Modern Germany, 1500–1700, Amsterdam 1994, S. 297–328

65. Hartwig Mayer: ein vil vriuntlîchez spil. Erecs und Enites gemeinsame Schuld, in: Analecta Helvetica et Germanica. Festschrift für Hermann Boeschenstein, Bonn 1979 (Studien zur Germanistik, Anglistik und Komparatistik 85), S. 8–19

66. Patrick M. McConeghy: Women's Speech and Silence in Hartmann von Aue's Erec, in: Publications of the Modern Language Association 102, 1987, S. 772–783

67. Jill P. McDonald: Hartmann von Aue's Erec and Chrétien de Troyes's Erec et Enide. The Extent and Logic of Hartmann's Transformations of Chrétien's Romance, Ph. D. Diss. [masch.] University of Washington 1978

68. William C. McDonald: Nû bewegete der vrouwen smerze Êrecke sô gar sîn herze (Er. 8334–5). Apropos Hartmann's Compassionate Knights, in: Mediaevistik 16, 2003, S. 101–121

69. Günter Mecke: Zwischenrede. Erzählerfigur und Erzählhaltung in Hartmanns von Aue Erec (Studien über die Dichter-Publikums-Beziehung in der Epik), Diss. München 1965

70. Volker Mertens: Enide – Enite. Projektionen weiblicher Identität bei Chrétien und Hartmann, in: Érec, ou l'ouverture du monde arthurien (vgl. Nr. 18), S. 61–74

71. Wolfgang Mieder: als man daz golt sol liutern in der esse. Sprichwörtliche Ironie und Didaktik in Hartmanns von Aue Erec, in: Mittellateinisches Jahrbuch 36, 2001, S. 45–76

72. Wolfgang Mohr: Chrestiens und Hartmanns Erec: Ein Vergleich, in: Hartmann von Aue: Erec, übersetzt und erläutert von Wolfgang Mohr, Göppingen 1980 (Göppinger Arbeiten zur Germanistik 291), S. 239–312

73. Joanna Mühlemann: Die Erec-Rezeption auf dem Krakauer Kronenkreuz, in: Beiträge zur Geschichte der deutschen Sprache und Literatur 122, 2000, S. 76–102

74. Joanna Mühlemann: Erec auf dem Krakauer Kronenkreuz – Iwein auf Rodenegg. Zur Rezeption des Artusromans in Goldschmiedekunst und Wandmalerei, in: Eckart C. Lutz (u.a.) (Hgg.): Literatur und Wandmalerei I. Erscheinungsformen höfischer Kultur und ihre Träger im Mittelalter. Freiburger Colloquium 1998, Tübingen 2002, S. 199–254

75. Evelyn Mullally: The Artist at Work: Narrative Technique in Chrétien de Troyes, Philadelphia 1988

76. Lambertus Okken: Kommentar zur Artusepik Hartmanns von Aue. Im Anhang: Bernhard D. Haage: Die Heilkunde und der Ouroboros, Amsterdam, Atlanta, GA 1993 (Amsterdamer Publikationen zur Sprache und Literatur 103)

77. Nigel F. Palmer: Poverty and Mockery in Hartmann's Erec, v. 525ff. A Study of the Psychology and Aesthetics of Middle High German Romance, in: Timothy McFarland (u.a.) (Hgg.): Hartmann von Aue. Changing Perspectives, Göppingen 1988 (Göppinger Arbeiten zur Germanistik 486), S. 65–92

78. René Pérennec: Adaptation et société: l'adaptation par Hartmann von Aue du roman de Chrétien de Troyes, Erec et Enide, in: Érec, ou l'ouverture du monde arthurien (vgl. Nr. 18), S. 101–115

79. Scott E. Pincikowski: Bodies of Pain. Suffering in the Works of Hartmann von Aue, New York, London 2002

80. Scott E. Pincikowski: Female Pain – Female Eroticism: The Eroticitation of the Female Body in Pain in Hartmann von Aue's Courtly Epics, in: Ernst R. Hintz (Hg.): Nu lôn' ich iu der gâbe. Festschrift for Francis G. Gentry, Göppingen 2003 (Göppinger Arbeiten zur Germanistik 693), S. 211–225

81. John F. Plummer: Bien dire et bien aprandre in Chrétien de Troyes's Erec et Enide, in: Romania 95, 1974, S. 380–394

82. Karen Pratt: Adapting Enide: Chrétien, Hartmann, and the Female Reader, in: Martin H. Jones, Roy Wisbey (Hgg.): Chrétien de Troyes and the German Middle Ages, Cambridge 1993 (Arthurian Studies 26), S. 67–84

83. Bruno Quast: Getriuwiu wandelunge. Ehe und Minne in Hartmanns Erec, in: Zeitschrift für deutsche Philologie 122, 1993, S. 162–180

84. Walter Raitz: Literarische Unterweisung. Über Erzählerintervention und Rezeptionssteuerung in Hartmanns von Aue Erec, in: Monika Hahn (Hg.): Spielende Vertiefung. Festschrift für Ingrid Mittenzwei, Heidelberg 2002, S. 359–370

85. Silvia Ranawake: Erecs verligen and the Sin of Sloth, in: Timothy McFarland (u.a.) (Hgg.): Hartmann von Aue. Changing Perspectives, Göppingen 1988 (Göppinger Arbeiten zur Germanistik 486), S. 93–115

86. Silvia Ranawake: verligen und versitzen: Das Versäumnis des Helden und die Sünde der Trägheit in den Artusromanen Hartmanns von Aue, in: Martin H. Jones, Roy Wisbey (Hgg.): Chrétien de Troyes and the German Middle Ages, Cambridge 1993 (Arthurian Studies 26), S. 19–35

87. Heimo Reinitzer: Über Beispielfiguren im Erec, in: Deutsche Vierteljahrsschrift für Literaturwissenschaft und Geistesgeschichte 50, 1976, S. 597–639

88. Uwe Ruberg: Beredtes Schweigen in lehrhafter und erzählender deutscher Literatur des Mittelalters, München 1978 (Münstersche Mittelalter-Schriften 32) [„Vom Schweigen und Sprechen in Hartmanns von Aue Erec“: S. 174–203]

89. Uwe Ruberg: Die Königskrönung Erecs bei Chrétien und Hartmann im Kontext arthurischer Erzählschlüsse, in: Zeitschrift für Literaturwissenschaft und Linguistik 25, 1995, Heft 99, S. 69–82

90. Kurt Ruh: Höfische Epik des deutschen Mittelalters, Teil 1; 2. Aufl., Berlin 1977

91. Francoise Salvan-Renucci: Der Dichter als cordis speculator: Die Dualität von Innen- und Außensicht im Erec Hartmanns von Aue, in: Études médiévales 1, 1999, Heft 1, S. 173–194

92. Bernd Schirok: Ein rîter der gelêret was. Literaturtheoretische Aspekte in den Artusromanen Hartmanns von Aue, in: Anna Keck, Theodor Nolte (Hgg.): Ze hove und an der strâzen. Die deutsche Literatur des Mittelalters und ihr ‚Sitz im Leben‘. Festschrift für Volker Schupp, Stuttgart, Leipzig 1999, S. 184–211

93. Elisabeth Schmid: Spekulationen über das Band der Ehe in Chrétiens und Hartmanns Erec-Romanen, in: Dorothea Klein (Hg.): Vom Mittelalter zur Neuzeit. Festschrift für Horst Brunner, Wiesbaden 2000, S. 109–127

94. Beate Schmolke-Hasselmann: Henry II Plantagenêt, roi d'Angleterre, et la genèse d'Érec et Énide, in: Cahiers de civilisation médiévale 24, 1981, S. 241–246

95. Ursula Schulze: âmîs und man. Die zentrale Problematik in Hartmanns Erec, in: Beiträge zur Geschichte der deutschen Sprache und Literatur 105, 1983, S. 14–47

96. Geoffrey See: Wes möhten si langer bîten? Narrative Digressions in Hartmann's Erec, in: Neuphilologische Mitteilungen 96, 1995, S. 335–343

97. Kathryn Smits: Enite als christliche Ehefrau, in: Kathryn Smits (u. a.) (Hgg.): Interpretation und Edition deutscher Texte des Mittelalters. Festschrift für John Asher, Berlin 1981, S. 13–25

98. Kathryn Smits: Die Schönheit der Frau in Hartmanns Erec, in: Zeitschrift für deutsche Philologie 101, 1982, S. 1–28

99. Christoph J. Steppich: Geoffrey's Historia Regum Britanniae and Wace's Brut: Secondary Sources for Hartmann's Erec?, in: Monatshefte für deutschsprachige Literatur und Kultur 94, 2002, S. 165–188

100. Wendy Sterba: The Question of Enite's Transgression: Female Voice and Male Gaze as Determining Factors in Hartmann's Erec, in: Albrecht Classen (Hg.): Women as Protagonists and Poets in the German Middle Ages. An Anthology of Feminist Approaches to Middle High German Literature, Göppingen 1991 (Göppinger Arbeiten zur Germanistik 528), S. 57–68

101. Barbara Thoran: Diu ir man verrâten hât – Zum Problem von Enites Schuld im Erec Hartmanns von Aue, in: Wirkendes Wort 25, 1975, S. 255–268

102. Christine Wand-Wittkowski: Die Zauberin Feimurgan in Hartmanns Erec. Ein Beispiel für phantastisches Erzählen im Mittelalter, in: Fabula 38, 1997, S. 1–13

103. Haiko Wandhoff: Âventiure als Nachricht für Augen und Ohren. Zu Hartmanns von Aue Erec und Iwein, in: Zeitschrift für deutsche Philologie 113, 1994, S. 1–22

104. Haiko Wandhoff: Gefährliche Blicke und rettende Stimmen. Eine audiovisuelle Choreographie von Minne und Ehe in Hartmanns Erec, in: Jan-Dirk Müller (Hg.): ‚Aufführung‘ und ‚Schrift‘ in Mittelalter und Früher Neuzeit, Stuttgart, Weimar 1996, S. 170–189

105. Haiko Wandhoff: Das geordnete Welt-Bild im Text. Enites Pferd und die Funktionen der Ekphrasis im Erec Hartmanns von Aue, in: Wolfgang Harms (u.a.) (Hgg.): Ordnung und Unordnung in der Literatur des Mittelalters, Stuttgart 2003, S. 45–60

106. Peter Wapnewski: Hartmann von Aue, 7. Aufl., Stuttgart 1979 (Sammlung Metzler 17)

107. Horst Wenzel: Öffentliches und nichtöffentliches Herrschaftshandeln im Erec Hartmanns von Aue, in: Gert Melville, Peter von Moos (Hgg.): Das Öffentliche und das Private in der Vormoderne, Köln (u.a.) 1998, S. 213–238

108. Peter Wiehl: Die Redeszene als episches Strukturelement in den Erec- und Iwein-Dichtungen Hartmanns von Aue und Chrestiens de Troyes, München 1974 (Bochumer Arbeiten zur Sprach- und Literaturwissenschaft 10)

109. Eva Willms: Ez was durch versuochen getân. Überlegungen zu Erecs und Enîtes Ausfahrt bei Hartmann von Aue, in: Orbis litterarum 52, 1997, S. 61–78

110. Alois Wolf: Hartmann von Aue and Chrétien de Troyes: Respective Approaches to the Matter of Britain, in: Francis G. Gentry (Hg.): A Companion to the Works of Hartmann von Aue (vgl. Nr. 33), S. 43–70

111. Franz-Josef Worstbrock: Dilatatio materiae. Zur Poetik des Erec Hartmanns von Aue, in: Frühmittelalterliche Studien 19, 1985, S. 1–30

112. Christopher Young: The Character of the Individual in Hartmann von Aue's Erec, in: Arthurian Literature 16, 1998, S. 1–21

Textprobleme

113. Fedor Bech: Zu Hartmanns Erec, in: Germania 7, 1862, S. 429–469

114. Brigitte Edrich-Porzberg: Studien zur Überlieferung und Rezeption von Hartmanns Erec, Göppingen 1994 (Göppinger Arbeiten zur Germanistik 557)

115. Kurt Gärtner: Der Text der Wolfenbütteler Erec-Fragmente und seine Bedeutung für die Erec-Forschung, in: Beiträge zur Geschichte der deutschen Sprache und Literatur 104, 1982, S. 207–230. 359–430

116. Kurt Gärtner: Die Zwettler Erec-Fragmente: Versuch einer ersten Auswertung, in: Bodo Plachta (Hg.): Literatur als Erinnerung. Festschrift für Winfried Woesler, Tübingen 2004, S. 35–50

117. Albert Leitzmann: Die Ambraser Erecüberlieferung, in: Beiträge zur Geschichte der deutschen Sprache und Literatur 59, 1935, S. 143–234

118. Wolfgang Milde: daz ih minne an uch suche. Neue Wolfenbütteler Bruchstücke des Erec, in: Wolfenbütteler Beiträge 3, 1978, S. 43–58

119. Wolfgang Milde: Zur Kodikologie der alten und neuen Wolfenbütteler Erec-Fragmente und zum Anfang des darin überlieferten Erec-Textes, in: Beiträge zur Geschichte der deutschen Sprache und Literatur 104, 1982, S. 190–206

120. Eberhard Nellmann: Ein zweiter Erec-Roman? Zu den neugefundenen Wolfenbütteler Fragmenten, in: Zeitschrift für deutsche Philologie 101, 1982, S. 28–78

121. Eberhard Nellmann: Der ‚Zwettler Erec'. Versuch einer Annäherung an die Fragmente, in: Zeitschrift für deutsches Altertum 133, 2004, S. 1–21

122. Hermann Paul: Zum Erec, in: Beiträge zur Geschichte der deutschen Sprache und Literatur 3, 1876, S. 192–197

123. Margarete Springeth und Charlotte Ziegler unter Mitwirkung von Kurt Gärtner und Ulrich Müller: Die Stift Zwettler Fragmente: Beschreibung und Transkription, in: Beiträge zur Geschichte der deutschen Sprache und Literatur 127, 2005, S. 33–61

Wörterbücher

124. Roy A. Boggs: Hartmann von Aue. Lemmatisierte Konkordanz zum Gesamtwerk, 2 Bde, Nendeln 1979 (Indices zur deutschen Literatur 12–13)

125. Matthias Lexer: Mittelhochdeutsches Handwörterbuch, 3 Bde, Leipzig 1872–1878

Weitere Literatur

Primärtexte

126. [Aelred von Rievaulx: Speculum caritatis] Liber de speculo caritatis, hrsg. von C. H. Talbot, in: Aelredi Rievallensis Opera omnia, hrsg. von Anselm Hoste und C. H. Talbot, Bd. 1, Turnhout 1971 (Corpus Christianorum, Continuatio medievalis 1), S. 3–161

127. [Andreas Capellanus: De amore] Andreae Capellani regii Francorum De amore libri tres, hrsg. von E. Trojel, 2. Aufl. München 1972

128. [Anonym:] Sacramentum conjugii non ab homine, in: Rudolf Weigang: Liebe und Ehe bei den Dekretisten des 12. Jahrhunderts, in: W. van Hoecke, A. Welkenhuysen (Hgg.): Love and Marriage in the Twelfth Century, Louvain 1981, S. 41–58

129. [Anonym: Der Mantel] Das Ambraser Mantel-Fragment nach der einzigen Handschrift neu hrsg. von Werner Schröder, in: Sitzungsberichte der Wissenschaftlichen Gesellschaft an der Johann Wolfgang Goethe-Universität Frankfurt am Main 33, 1995, S. 127–177 [selbst. Stuttgart 1995]

130. [Augustin: De vera religione] Sancti Aurelii Augustini De vera religione, hrsg. von Klaus-Detlef Daur, Turnhout 1962 (Opera 4,1; Corpus Christianorum, Series Latina 32)

131. [Bernardus Silvestris: Commentum in Martianum] The Commentary on Martianus Capella's De nuptiis philologiae et Mercurii, Attributed to Bernardus Silvestris, hrsg. von Haijo J. Westra, Toronto 1986 (Studies and Texts 80)

132. Jehan Bodel: La Chanson des Saisnes, hrsg. von Annette Brasseur, Textband, Genf 1989 (Textes littéraires français 369)

133. [Caesarius von Heisterbach: Dialogus miraculorum] Caesarii Heisterbacensis Dialogus miraculorum, hrsg. von Joseph Strange, 2 Bde, Köln (u.a.) 1851

134. Geoffrey of Monmouth: Historia regum Britanniae. A Variant Version, Edited from Manuscripts, hrsg. von Jacob Hammer, Cambridge, MA 1951 (The Medieval Academy of America Publications 57)

135. [Geoffrey von Monmouth: Historia regum Britanniae] König Artus und seine Tafelrunde, neuhochdeutsch, hrsg. von Karl Langosch, Stuttgart 1980 (Reclams Universalbibliothek 9945), S. 5–71

136. Gottfried von Straßburg: Tristan, hrsg. von Karl Marold, 3. Aufl. bearb. von Werner Schröder, Berlin 1969

137. Hartmann von Aue: Der arme Heinrich, hrsg. von Hermann Paul, neu bearb. von Kurt Gärtner, 17. Aufl. Tübingen 2001 (Altdeutsche Textbibliothek 3)

138. Hartmann von Aue: Die Klage. Das (zweite) Büchlein, aus dem Ambraser Heldenbuch, hrsg. von Herta Zutt, Berlin 1968

139. [Hartmann von Aue: Iwein] Iwein. Eine Erzählung von Hartmann von Aue, hrsg. von G. F. Benecke und K. Lachmann, neu bearb. von Ludwig Wolff, 7. Aufl., Bd. 1, Text, Berlin 1968

140. Heinrich von Morungen: Lieder. Mittelhochdeutsch und neuhochdeutsch. Text, Übersetzung, Kommentar von Helmut Tervooren, Stuttgart 1975 (Reclams Universal-Bibliothek 9797)

141. Heinrich von dem Türlin: Die Krone (Verse 1–12281). Nach der Handschrift 2779 der Österreichischen Nationalbibliothek hrsg. von Fritz P. Knapp und Manuela Niesner, Tübingen 2000 (Altdeutsche Textbibliothek 112)

142. [Hugo von Trimberg: Der Renner] Der Renner von Hugo von Trimberg, hrsg. von Gustav Ehrismann, 4 Bde, Tübingen 1908–1911

143. Hugo von St. Victor: Epistola de virginitate beatae Mariae, in: Patrologia Latina, hrsg. von J.-P. Migne, Bd. 176, Paris 1880, Sp. 857–876

144. Macrobius: Commentarii in somnium Scipionis, hrsg. von Jacob Willis, Leipzig 1963 (Bibliotheca Teubneriana)

145. Des Minnesangs Frühling [= MF]. Unter Benutzung der Ausgaben von Karl Lachmann und Moriz Haupt, Friedrich Vogt und Carl von Kraus bearbeitet von Hugo Moser und Helmut Tervooren, Textband, 38. Aufl. Stuttgart 1988

146. Otto von Freising und Rahewin: Die Taten Friedrichs oder richtiger Cronica, übs. von Adolf Schmidt, hrsg. von Franz-Josef Schmale, Darmstadt 1965 (Ausgewählte Quellen zur deutschen Geschichte des Mittelalters 17)

147. Walter von Mortagne: De sacramento coniugii, in: Patrologia Latina, hrsg. von J.-P. Migne, Bd. 176, Paris 1880, Sp. 153–174

148. Wolfram von Eschenbach: Parzival. Studienausgabe. Mittelhochdeutscher Text nach der sechsten Ausgabe von Karl Lachmann. Übersetzung von Peter Knecht. Mit Einführungen … von Bernd Schirok, 2. Aufl., Berlin, New York 2003

Sekundärtexte

149. Hennig Brinkmann: Verhüllung (integumentum) als literarische Darstellungsform im Mittelalter, in: Albert Zimmermann (Hg.): Der Begriff der repraesentatio im Mittelalter. Stellvertretung, Symbol, Zeichen, Bild, Berlin, New York 1971 (Miscellanea Mediaevalia 8), S. 314–339

150. Karl O. Brogsitter: Artusepik, 2. Aufl. Stuttgart 1971 (Sammlung Metzler 38)

151. Christopher N. L. Brooks: The Medieval Idea of Marriage, Oxford (u.a.) 1989

152. Elke Brüggen: Kleidung und Mode in der höfischen Epik des 12. und 13. Jahrhunderts, Heidelberg 1989 (Euphorion, Beiheft 23)

153. Carla Casagrande, Silvana Vecchio: I peccati della lingua. Disciplina ed etica della parola nella cultura medievale, Rom 1987

154. Georges Duby: Die Frau ohne Stimme. Liebe und Ehe im Mittelalter, Berlin 1988

155. Hans Fromm: Doppelweg, in: Ingeborg Glier (u.a.) (Hgg.): Werk – Typ – Situation. Studien zu poetologischen Bedingungen in der älteren deutschen Literatur, Stuttgart 1969, S. 64–79

156. Wolfgang Harms: Homo viator in bivio. Studien zur Bildlichkeit des Weges, München 1970 (Medium Aevum 21)

157. Walter Haug: Literaturtheorie im deutschen Mittelalter. Von den Anfängen bis zum Ende des 13. Jahrhunderts, 2. Aufl., Darmstadt 1992

158. Michel Huby: Zur Definition der adaptation courtoise. Kritische Antwort auf kritische Anmerkungen, in: Germanisch-Romanische Monatsschrift N.F. 33, 1983, S. 301–322

159. William H. Jackson: Das Turnier in der deutschen Dichtung des Mittelalters, in: Josef Fleckenstein (Hg.): Das ritterliche Turnier im Mittelalter. Beiträge zu einer vergleichenden Formen- und Verhaltensgeschichte des Rittertums, Göttingen 1985 (Veröffentlichungen des Max-Planck-Instituts für Geschichte 80), S. 257–295

160. William H. Jackson, Silvia A. Ranawake (Hgg.): The Arthur of the Germans. The Arthurian Legend in Medieval German and Dutch Literature, Cardiff 2000

161. Douglas Kelly: The Art of Medieval French Romance, Madison/WI 1992

162. Douglas Kelly: The Conspiracy of Allusion. Description, Rewriting and Authorship from Macrobius to Medieval Romance, Leiden (u.a.) 1999

163. Fritz P. Knapp: Wahrheit und poetische Lüge. Die Gattungen weltlicher Epik und ihre theoretische Rechtfertigung im Hochmittelalter, in: Deutsche Vierteljahrsschrift für Literaturwissenschaft und Geistesgeschichte 54, 1980, S. 581–635

164. Hiltrud K. Knoll: Studien zur realen und außerrealen Welt im deutschen Artusroman (Erec, Iwein, Lanzelet, Wigalois), Diss. Bonn 1966

165. Christel Meier: The Colourful Middle Ages. Anthropological, Social, and Literary Dimensions of Colour Symbolism and Colour Hemeneutics, in: Rudolf Suntrup, Jan R. Veenstra (Hgg.): Tradition and Innovation in an Era of Change, Frankfurt/M. (u.a.) 2001, S. 227–255

166. Stephan Meier-Oeser: Wort, inneres; Rede, innere, in: Historisches Wörterbuch der Philosophie, Bd. 12, Basel 2004, Sp. 1037–1050

167. Volker Mertens: Der deutsche Artusroman, Stuttgart 1998 (Reclams Universal-Bibliothek 17609)

168. Michael Müller: Die Lehre des hl. Augustinus von der Paradiesesehe und ihre Auswirkung in der Sexualethik des 12. und 13. Jahrhunderts bis Thomas von Aquin, Regensburg 1954

169. Michael Müller: Namenkataloge. Funktionen und Strukturen einer literarischen Grundform in der deutschen Epik vom hohen Mittelalter bis zum Beginn der Neuzeit, Hildesheim (u.a.) 2003 (Documenta onomastica litteralia Medii aevi, Reihe B, Bd. 3)

170. René Pérennec: L'Étude des adaptations allemandes d'œuvres narratives françaises (fin XIIe – début du XIIIe siècle). Un trait d'union entre les deux philologies?, in: Anna M. Babbi, Adele Cipolla (Hgg.): Filologia romanza, filologia germanica, Verona 1997, S. 61–71

171. James A. Rushing, Jr.: Images of Adventure. Ywain in the Visual Art, Philadelphia 1995

172. Beate Schmolke-Hasselmann: Der arthurische Versroman von Chrétien bis Froissart. Zur Geschichte einer Gattung, Tübingen 1980 (Zeitschrift für romanische Philologie, Beiheft 177)

173. Rüdiger Schnell: The Discourse of Marriage in the Middle Ages, in: Speculum 73, 1988, S. 771–786

174. Rüdiger Schnell: Sexualität und Emotionalität in der vormodernen Ehe, Köln (u.a.) 2002

175. Mireille Schnyder: Topographie des Schweigens. Untersuchungen zum deutschen höfischen Roman um 1200, Göttingen 2003 (Historische Semantik 3)

176. Thomas Szabó: Die Kritik der Jagd – Von der Antike zum Mittelalter, in: Werner Rösener (Hg.): Jagd und höfische Kultur im Mittelalter, Göttingen 1997 (Veröffentlichungen des Max-Planck Instituts für Geschichte 135), S. 167–229

177. Ernst Trachsler: Der Weg im mittelhochdeutschen Artusroman, Bonn 1979 (Studien zur Germanistik, Anglistik und Komparatistik 50)

178. Rudolf Voss: Die Artusepik Hartmanns von Aue. Untersuchungen zum Wirklichkeitsbegriff und zur Ästhetik eines literarischen Genres im Kräftefeld von soziokulturellen Normen und christlicher Anthropologie, Köln, Wien 1983 (Literatur und Leben 25)

179. Rudolf Weigand: Liebe und Ehe im Mittelalter, Goldbach 1993

180. Alois Wolf: Die adaptation courtoise. Kritische Anmerkungen zu einem neuen Dogma, in: Germanisch-Romanische Monatsschrift N.F. 27, 1977, S. 267–283

181. Hans Zeimentz: Ehe nach der Lehre der Frühscholastik. Eine moralgeschichtliche Untersuchung zur Anthropologie und Theologie der Ehe in der Schule Anselms von Laon und Wilhelms von Champeaux, bei Hugo von St. Viktor, Walter von Mortagne und Petrus Lombardus, Düsseldorf 1973

Nachwort

Der Plan zu diesem Büchlein entstand, als ich bei der Vorbereitung eines „Erec“-Seminars überlegte, was ich zur Einführung empfehlen sollte. Außer dem Aufsatz von Volker Honemann (Lit.verz. Nr. 44) fiel mir nichts ein. Peter Wapnewskis Hartmann-Band in der „Sammlung Metzler“ (Lit.verz. Nr. 106) war zu seiner Zeit ein großer Wurf und ist noch heute wichtig. Seitdem haben sich die Gesichtspunkte sehr verschoben. Daraus entstand der Gedanke, diese Lücke zu füllen.

Bei der Ausarbeitung hat Janine Engel wertvolle Hilfe geleistet. Von ihr stammt auch die Zusammenstellung der Redeanteile Erecs und Enites (vgl. S. 120ff.). Reinhold Katers danke ich für seine Hilfe bei der Korrektur. Am meisten zu danken habe ich Ursula Peters für die kritische Lektüre mehrerer Kapitel.

Dem de Gruyter-Verlag, besonders Herrn Dr. Heiko Hartmann, danke ich für die gute verlegerische Betreuung.

Oktober 2005 Joachim Bumke

Register